Schemann

Faust, Rumpelstilzchen und andere Seegers

Wolfgang Schemann

Faust, Rumpelstilzchen und andere Seegers

Literatur & mehr für Masemattenfreier
mit Illustrationen von Arndt Zinkant

Illustrationen
Arndt Zinkant

1. Auflage 2018

Printed in Germany

Gedruckt auf säurefreiem, alterungsbeständigem Papier ∞

ISBN 978-3-402-13341-5

Inhalt

Rakawele mit Kultstatus

Die Masematte, die um die Mitte des 19. Jahrhunderts entstand und anschließend rund ein Jahrhundert lang in bestimmten Vierteln und Milieus der Stadt Münster als eine Art Geheimsprache genutzt wurde, ist literarisch nicht besonders in Erscheinung getreten. Wie denn auch? Schließlich macht es wenig Sinn, Romane in Geheimsprachen zu verfassen. Insofern nimmt es auch nicht wunder, dass es keinerlei schriftliche Zeugnisse der Masematte aus der Zeit vor dem Zweiten Weltkrieg gibt. Alle Masematten-Texte sind später entstanden – als die „Geheimsprache" ihrer ursprünglichen Funktion längst beraubt war und nur noch als Spaß- und Freizeitsprache gepflegt wurde.

Wir wissen auch nicht, ob sich die ursprünglichen Masemattensprecher überhaupt mit Literatur beschäftigt haben. Und wenn ja, ob sie lieber Goethe oder Schiller mochten, ob sie lieber Mann oder Molière lasen. Haben sie ihren Kindern womöglich Märchen auf Masematte erzählt – „Rotdohlinchen" vielleicht oder „Das muckere Kowen-Malocherchen?" Oder wurde die Masematte, wofür einiges spricht, nur in ganz bestimmten Lebensbereichen verwendet – etwa bei der Maloche, beim Bicken und Verscherbeln auf dem Markt oder beim Schickern in der Kaschemme?

Im Grunde ist das aber auch egal. Denn es ist allemal reizvoll, sich der Literatur mal mit jener Sprache bzw. Rakawele zu nähern, die scheinbar so kulturfern ist – gleichwohl aber heute als Stück der Stadtkultur gelten darf und stellenweise gar Kultstatus genießt. Dieses Buch erschließt den Masemattenfreiern und -kalinen deshalb ausgewählte Stücke der Literatur-, Film- und Fernsehgeschichte – vom Faust bis zur Feuerzangenbowle, von Rotkäppchen bis Rumpelstilzchen, von Winnetou bis Wilsberg.

Auch „My Fair Lady“ ist mit von der Partie. Was dem Sprachwissenschaftler Professor Henry Higgins ein Erlebnis der ganz besonderen Art beschert. Denn Higgins hätte sich sicher auch über die Masematte echauffiert, wenn er der Blumenverkäuferin Eliza nicht in London, sondern in Klein-Muffi begegnet wäre – und wenn die ihm zugerufen hätte „Ej Seeger, willze nich ein paar Blumen bicken?“ Und nun wird ihm diese Masematte selbst in den Mund gelegt … Siehe Seite 69.

Hamel Jontef!

Schmus mit Zauberbaum

Hannes Lücke ist Münsteraner, lebt und malocht aber in Frankfurt, nachdem er sich von seiner Kaline getrennt hat. Zu Weihnachten päst er – wie alle Jennikes – in sein Heimatkaff Münster, wo nicht nur seine Alsche und seine Koten, sondern auch seine alten Kumpels leben. Und Hannes kommt nicht allein: Er hat Inge im Schlepptau, ein junges Anim, mit dem er neuerdings ein Techtelmechtel hat.

Während sie mit dem Wuddi zum Poofbeis päsen, verknickert Hannes seinem Anim, was man über Münster so wissen muss. Und schmust ihr dabei auch von seinem alten Musik-Pauker mit dem toften Namen Bierbaum, der immer rakawelt habe: Entweder es maimelt hier oder die Tifteln bimmeln oder es wird mal wieder eine Kaschemme eröffnet.

Mit seiner Alschen Lore und seinen Koten schallert Hannes dann Weihnachtslieder und macht einen auf heile Welt, obwohl die Ehe schon längst kapores ist. Sein neues Anim Inge hockt derweil im Poofbeis und wartet auf ihren Seeger. Und wenn es nach Hannes gegangen wäre, wäre sie auch schön da geblieben. Aber das Anim schemmt neugierig in die Tiftel, die Hannes mit seiner Mischpoke besucht, teilacht über die Promenade, wo Hannes mit seinen Koten herumscherbelt, und bedibbert sich schließlich auch noch die Schwofschule, die Hannes' Ex-Kaline betreibt.

Hannes findet das nicht immer lustig, aber Inge ist auch am Mosern. Sie belabert ihn, er solle endlich mit seiner Ex rakawelen, um ihr die Sache mit der Scheidung zu verkasematuckeln. Aber Hannes kann und will sich nicht entscheiden. Und flüchtet wieder mal zu seinen alten Kumpels, zu der Clique, wo hamel geschickert wird.

Den ersten Schabau schnasselt er mit ihnen in einem Schokelamai-Beis gegenüber vom Ratbeis. Die Kabache, die heute gar nicht mehr ambach ist, schmuste sich Schucan – manche Masemattenfreier laberten auch vonne „Masminenpünte". Später wird dann in einer richtigen Kaschemme gepichelt. Und als alle pegelschicker sind, päsen sie noch mal zu der alten Flakstellung, wo sie als Koten im Einsatz waren, und schallern laut drauf los. Tja, so schmergelt dem einen Macker seine Kaline, manchmal seien Seeger halt wirklich wie die Koten …

Am anderen Tag päst Hannes mit Inge wieder über die Tackostrehle gen Frankfurt. Und rakawelt seinem Anim denselben Schmus, mit dem er vor 13 Jennikes schon seine Ex belabert hat: Dass sie Silvester ganz alleine feiern, dass sie ihre schuckerste Kowe anziehen soll und dass sie dann vielleicht den Zauberbaum ausbaldowern, auf dem er ihr ein Nest bauen möchte …

„Alle Jahre wieder" *ist ein Spielfilm von Ulrich Schamoni aus dem Jahre 1967. Das Drehbuch stammt von Michael Lentz und Ulrich Schamoni. Der Film spielt in Münster und genießt hier mittlerweile Kultstatus, zu Weihnachten bereichert er alle Jahre wieder das Kinoprogramm.*

Entweder es maimelt hier
oder die Tifteln bimmeln
oder es wird mal wieder
eine Kaschemme eröffnet

Aschen-Animchen

Einem Seeger war seine Alsche gepeigelt. Sein Koten, ein Anim, teilachte jeden Tag zum Grab von der Alschen und flennte. Bald gasselte der Seeger eine neue Kaline, die bes Kotens – auch Ischen – mit ins Beis brachte. Die Romdis rointen schucker aus, waren aber hamel schofel zu dem anderen Anim. Den ganzen Tag musste es malochen und schanägeln, Jack anmachen und Pani schleppen. Abends konnte es nicht mal inne Firche ratzen, sondern musste neben dem Jack inne Asche poofen. Und deshalb wurde es „Aschen-Animchen" geschmust.

Als der Seeger mal verreiste, fragte er seine Ischen, was er ihnen mitbringen solle. Die eine wollte eine kurante Kowe, die andere nen schauwen Bassel. Und Aschen-Animchen rakawelte, sie wolle nen Zweig. Der Jölbst bickte also Kowe und Bassel – und schuckte dem Aschen-Animchen einen Zweig. Das Anim pflanzte den Zweig auf das Grab von der Alschen und flennte so hamel, dass ein Baum daraus wuchs.

Da makeimte der Obermacker von der Bendine, der König, eines Tages eine große Fete. Sein Sohn wollte gasseln – und sich deshalb mal alle Kalinen bedibbern. Die beiden Romdis hegten hamel Jontef. Aschen-Animchen wollte auch mitschemmen. Aber die Alsche von ihrem Vater rakawelte: „Du liegst hier immer inne Asche, hegst laulone tofte Kowe und kannz nich schwofen. Du bleibst bei Beis!"

Doch als die Alsche mit den bes Romdis abgeböscht war, peselte Aschen-Animchen zu dem Grab und schallerte. Da fielen vom Baum kurante Kowe und schuckere Masminen runter. Tacko zog Aschen-Animchen die Klamotten an und teilachte zu der Fete. Da muckerte keiner, dass sie das Aschen-Animchen war. Und der Sohn von dem Obermacker schwofte den ganzen Abend nur mit ihr. Nach der Fete wollte er sie nach Beis bringen, aber sie päste tacko ab, brachte die Kowe zurück – und als die Alsche mit ihren Romdis nach Beis kam, poofte sie schon wieder inne Asche.

Am nächsten Abend aber hatte der Königssohn die Treppe mit Pech beseibeln lassen. Und als Aschen-Animchen tacko plete böschte, blieb einer von ihren jovlen Masminen im Pech stecken. Der Königssohn fand den Masmeier und rakawelte: „Das Anim, das mit seinen Mauken in diese Masminen passt, soll meine Kaline werden." Und dann teilachte er los.

Bald kam er auch zu dem Beis von dem Seeger mit den drei Kalinen. Das eine Romdi nahm die Masminen, aber der Zeh passte nicht rein. Da gab ihr die Alsche ne Plotte und schmuste: „Burk dir den Zeh ab. Wenn du den Schauter erst gegasselt hast, brauchst du sowieso nicht mehr schemmen." Und das Romdi mimte den Katzow und dellte sich die Zehen ab, zwängte die Mauken in die Masminen und teilachte zum Königssohn. Der chappte sie auf seinen Zossen und päste ab. Als sie aber an dem Grab von der Alschen vorbeikamen, saß da ein Vogel im Baum und schallerte: „Das ist die falsche Kaline, / die hat Mailach inne Masminc. / Ruckediku, ruckedikeis, / das jovle Anim sitzt noch im Beis."

Da brachte der Schauter das Romdi zurück. Und genauso das zweite Romdi, das sich die Hacke abgeburkt hatte, damit die Mauken inne Masminen passten. Schließlich schmuste der Königssohn dem Seeger: „Hast du noch ne Kaline?" Aber der rakawelte: „Laulone. Bloß noch das Aschen-Animchen." Der Königssohn wollte es unbedingt dibbern. Er chappte ihre Mauken – und, maschemau, sie passten ömmes in die Masminen.

Der Königssohn hob also das Aschen-Animchen auf seinen Zossen und sie peselten los. Und als sie an dem Vogel vorbeiböschten, schmuste der: „Kein Mailach inne Masmine, / das ist die tofte Kaline. / Ruckediku, ruckedikeis, / jetzt bringt er das jovle Anim nach Beis!"

„Aschenputtel" *gehört zu den Märchen, die die Brüder Jacob und Wilhelm Grimm Anfang des 19. Jahrhunderts in ihrer Sammlung „Kinder- und Hausmärchen" veröffentlichten.*

Eine Mischpoke geht machulle

Die Buddenbrooks sind eine Nobel-Mischpoke, die mit Getreidemasematten und durch muckere Gasselei hamel Lowi gemacht hat und nun im Ostseekaff Lübeck inne allererste Liga spielt.

Obermacker der Mischpoke ist Johann Buddenbrook. Als er peigelt, übernimmt sein Sohn Jean den Laden. Er hat vier Koten, die sich Thomas und Tony, Christian und Clara schmusen. Während Thomas sich schon früh für die Masematten interessiert, hat Christian mehr Jontef im Schero als die Firma.

Als Tony 18 wird, verknickert der Vater ihr, sie solle einen Kaufmann aus Hamburg gasseln, der hamel Lowi hege. Das Anim hat keinen Bock auf den Seeger, aber weil ihr Alter rakawelt, es sei tofte für die Firma, stimmt sie zu. Doch bald muckert man, dass der Hamburger ein Figinenköster und Halbkarötter ist, der nur an Tonys Balachesen wollte. Tony verlässt den Seeger, lässt sich scheiden und teilacht nach Beis zurück.

Als Jean Buddenbrook 1855 peigelt, muss die nächste Generation der Mischpoke ran. Thomas mimt nun den Obermacker. Er gasselt Gerda, ein schuckeres Anim aus Muffenland, das hamel Lowi anne Zomen hat. Auch Bruder Christian will sich an der Maloche inne Firma beteiligen, verbringt seine Zeit dann aber doch lieber im Figinenbeis oder im Klubbeis und hat ein Techtelmechtel mit einer Figinenkaline. Als er dann auch noch rumlabert, im Grunde seien alle Masemattenfreier doch Bunken, gibt es hamel Stoof zwischen den beiden Brüdern. Thomas schuckt Christian lang Schotter, damit er die Firma und das Kaff verlässt.

Unterdessen hat Tony wieder einen Macker anne Feme und gasselt erneut – diesmal einen Bayern, der Hopfen verscherbelt, also das Zeug, das man für Lowinen braucht. Doch auch er, so muckert sie bald, ist wohl nur hinter ihren Penunzen her – und zwischendurch auch hinter dem Küchen-Anim. Tony macht wieder die Biege, lässt sich zum zweiten Mal scheiden und kehrt nach Beis zurück.

Thomas mänglowiert die Firma zunächst jovel, außerdem mischt er auch noch im Lübecker Ratbeis mit. Doch dann wird ihm die Maloche zu viel, er hat immer mehr Brassel und immer weniger Schmackes. Damit das keiner richtig muckert, bickt er sich hamel teure Kowe und eine schumme Dickbalg-Villa. Auch sein Koten, der sich Hanno schmust, hat wenig Schmackes – nur das Klavier macht ihm Jontef.

Und von da an päst's bergab. Thomas missachtet die alte Buddenbrook-Rakawele „Mach nur solche Masematten, bei denen du nachts jovel poofen kannst" und bickt von einem Knäbbel die ganze Getreideernte – eine Masematte, die prompt in die Plinte geht, weil der Hagel die Ernte machullt. Thomas wird ein bisschen kolone, er kann nicht mehr tofte firchen und labert über den Mulo. Nach einem Besuch beim Goschenschmarrer wird er ohnmächtig, stürzt mit dem Ponum auf die Strehle und peigelt wenig später.

Und dann geht alles ganz tacko. Die Firma wird aufgelöst und verscherbelt. Christian landet in einer Teewinde, Hanno peigelt mit 16, Gerda teilacht zurück ins Muffenland. Und Tony bleibt, klamm mit Lowi, allein in Lübeck zurück. Die Mischpoke ist machulle.

***„Buddenbrooks"**, 1901 erschienen, ist das erste große Werk von Thomas Mann – ein Gesellschaftsroman, der den „Verfall einer Familie" nachzeichnet.*

Das muckere Kowen-Malocherchen

Ein kotener Schneider war gerade am Achilen, als ein paar Fliegen über seine Knirfte teilachten. Da wurde der Kowen-Malocher brastig und dellte tacko mit nem alten Plurren auf das Karo. Als er dibberte, dass er söjen Fliegen mulo makeimt hatte, war er selbst ein bisschen baff. Stolz schrieb er auf seinen Gürtel „Söjen auf einmal verkasematuckelt!" – und teilachte los, damit alle Welt kneistern könne, was er für ein tofter Seeger ist.

Unterwegs traf er einen Riesen. Der dibberte den Gürtel, konnte aber kaum glauben, was er dort las – und wollte dem Schneider mal verknickern, wie viel Schmackes er selbst hatte. Also nahm er einen Stein inne Feme und zerburkte ihn. Das Kowen-Malocherchen aber schmergelte nur, fingerte einen weichen Käse ausse Chatte und burkte ihn solange, bis das Pani nur so ausse Feme dröppelte. Da warf der Riese einen Stein so hoch, dass man ihn kaum noch kneistern konnte. Der Figinenköster jedoch holte einen kotenen Vogel ausse Chatte, den er vorher gechappt hatte. Er warf ihn hoch – und der Vogel böschte ab und ward nicht mehr gedibbert.

Abends lud der Riese den Kowen-Malocher ein, bei ihm im Beis zu poofen. Dem kotenen Schneider aber war die Firche zu groß. Er schemmte in eine Ecke der Kabache und ratzte da. Nachts holte der Riese einen Mottek, dellte die Firche kapores – und meinte, er hätte den Hegel mulo makeimt. Als er aber am anderen Morgen den Kowen-Malocher dibberte, da kriegte er hamel More und päste tacko ab.

Der muckere Seeger aber schemmte weiter und kam zum Nobelbeis des Königs. Dort haute er sich ins Gras und poofte. Die Hegels des Königs knispelten, was auf seinem Gürtel stand, und schmusten es ihrem Obermacker. Und der gab dem Schauter gleich eine Maloche, weil er einen Seeger mit viel Schmackes hamel gebrauchen konnte. Aber da wurden die anderen Hegels brastig, weil sie More vor dem Schauter hatten, und sie schmusten dem König, er solle den Seeger bloß wieder in'n Tabak schicken.

Der König hatte auch bald was ausbaldowert, um den Seeger wieder loszuwerden. Er rakawelte dem Kowen-Malocherchen, er solle in den Wald teilachen. Da böschten zwei schofle Riesen durch die Bendine, die solle er mulo makeimen. Dafür solle er das halbe Königreich und die kurante Königstochter bewirchen.

Der muckere Kowen-Malocher hatte die beiden Kaventsmänner bald gekneistert. Sie waren gerade am Poofen. Er kletterte auf einen Baum und warf solange kotene Steine runter, bis die Riesen wach wurden. Jeder meinte, der andere hätte ihn gedellt. Da kriegten sie hamel Stoof – und vermackelten sich solange, bis beide mulo waren.

Als das muckere Kowen-Malocherchen auch noch ein schofles Einhorn und ein wildes Schassor gechappt hatte, blieb dem König lau oser übrig, als dem Seeger tatsächlich Königreich und Kaline zu geben.

Nachdem sie gegasselt hatten, hörte die Königstochter eines Nachts, wie ihr Macker im Poofen rakawelte: „Mach mir die Kowe und flick mir die Plinten, sonst gibt's Makeime von vorne und hinten." Da muckerte die Kaline, dass ihr Macker nur ein einfacher Kowen-Malocher war.

Als sie das ihrem Vater schmuste, rakawelte der, sie solle nachts die Poof-Kabache offen lassen. Und wenn der Kowen-Malocher firche, wolle er seine Hegels schicken, um den Figinenköster zu chappen und auf ein Schiff zu tragen, das ihn weit weg bringe. Doch als die Hegels nachts angeschemmt kamen, schmonselte der Schneider, der nur so getan hatte, als ob er poofe: „Mach mir die Kowe und flick mir die Plinten, sonst gibt's Makeime von vorne und hinten. Ich habe söjen auf einen Streich verkasematuckelt, zwei Kaventsmänner mulo gedellt, ein Einhorn und ein Wild-Schassor gechappt – und da sollte ich More haben vor denen, die draußen vor der Kabache stehen?"

Da bekamen die Hegels hamel Muffensausen, nahmen die Zomen in die Feme und böschten plete. Und das muckere Kowen-Malocherchen blieb sein ganzes Leben lang König.

„Das tapfere Schneiderlein" *gehört zu den Märchen, die die Brüder Jacob und Wilhelm Grimm Anfang des 19. Jahrhunderts in ihrer berühmten Sammlung „Kinder- und Hausmärchen" veröffentlichten.*

Der tofle Seeger und das große Pani

Santiago ist ein tofler Seeger, der seit vielen Jennikes als Fischer malocht. Aber seit einiger Zeit hat er keinen Massel mehr, seit 84 Tagen ist laulone mit Fisch, er hat nix mehr aus dem Pani geholt. Sein Kumpel Manolin musste sich deshalb schon eine Maloche auf einer anderen Pünte suchen.

Aber Santiago gibt nicht auf. Am 85. Tag päst er mit seiner Pünte wieder weit aufs Pani hinaus. Und gegen Mittag hat er plötzlich einen schummen Fisch am Haken, einen hamel toften Kaventsmann. Es ist ein Marlin, wie er nach und nach muckert – und vermutlich der schummste Fisch, den er jemals gechappt hat.

Aber Santiago schafft es nicht, den Fisch in die Pünte zu mänglowieren. Ganz im Gegenteil: Der schumme Marlin zieht den Seeger samt Pünte hinter sich her. Zwei Tage und zwei Nächte lang kämpft der tofle Seeger mit dem Fisch, er hat hamel Piene, seine Femen sind voller Mailach. Und er hat Respekt vor dem Gegner im Pani, er beginnt mit dem Marlin zu labern, schmust ihn gar Bruder …

Am dritten Tag päst der Fisch nur noch im Kreis, er wird immer schlapper. Und schließlich kann Santiago ihn mit einer Harpune mulo makeimen. Er bindet den Marlin an seine Pünte und macht sich auf den Weg nach Beis. Für den Fisch, so schmust er bei sich, werde er sicher hamel Lowi bewirchen.

Doch dann muckert er, dass auch Haie Roof auf Fisch haben. Einige kann er noch mit der Harpune und mit der Plotte mulo makeimen. Aber es kommen immer mehr. Nachts, wenn Santiago nicht richtig dibbern kann, reißen Haie und andere Raubfische große Macken Bose vom Marlin. Und als Santiago mit seiner Pünte am vierten Tag endlich sein Kaff erreicht, schleppt er nur noch ein Skelett hinter sich her.

Am nächsten Tag bekneistern viele Seegers und Kalinen Santiagos Pünte mit dem Skelett. Unter ihnen ist auch sein alter Kumpel Manolin, der ihm Schokelamai und die Tagesfleppe bringt. Und dann beschließen die beiden, künftig wieder gemeinsam aufs Pani zu päsen. Denn für Santiago ist klar: Diesmal hat er verkimmelt, aber morgen sitzt er wieder in seiner Pünte …

„Der alte Mann und das Meer“ *ist eine Novelle von Ernest Hemingway, die im Jahr 1952 veröffentlicht wurde. Der Amerikaner erhielt für dieses Werk 1953 den Pulitzer-Preis, 1954 wurde er mit dem Literaturnobelpreis ausgezeichnet.*

Der Seeger mit den vielen Malessen

Argan ist ein Seeger, der immer meint, er hätte irgendwelche Malessen am Balg, und der deshalb hamel More hat, dass er mulo geht. Toinette, das Beisanim, schmergelt darüber und will ihm die Malessen auslabern. Aber die Schmarrer nehmen den Figinenköster nur zu gerne ernst. Sie verordnen ihm viele Pillen und Mänglowierereien, die er gar nicht braucht – weil sie damit hamel Lowi machen.

Argan fände es jovel, wenn er einen Schmarrer in der eigenen Mischpoke hätte, mit dem er jederzeit über seine Malessen labern könnte. Deshalb möchte er, dass sein Koten-Anim Angélique einen Seeger gasselt, der sich Thomas schmust, denn der hat gerade einen Doktor in Medizin makeimt. Aber das Anim ist in einen anderen verknallt, in Cléante.

Einmal, als Cléante einen Musiklehrer mimt, um Angélique dibbern und mit ihr labern zu können, taucht auch Thomas in Argans Beis auf. Argan hat ihn eingeladen, damit seine Koten-Ische mal ihren künftigen Ehe-Macker zu kneistern kriegt. Aber Thomas macht keine tofte Figur. Erst verwechselt er Angélique mit ihrer Mutter und dann macht er Angélique ein Geschenk, dasse meinst, er sei meschugge: ein Besuch im Machullenpoofbeis …

Das Beisanim Toinette und Argans Bruder Béralde versuchen mehrmals, den Malessenfreier von seiner Besessenheit zu heilen. Vergeblich. Als die beiden sich dabei auch über die Schmarrer-Maloche beömmeln, wird der Schmarrer hamel brastig – und verkasematuckelt Argan, dass er ihn fortan nicht mehr behandeln werde. Woraufhin Argan natürlich wieder More hat, dass er nun tacko peigeln muss. Deshalb machen die beiden einen auf Figine: Toinette mimt einen alten Schmarrer – und rät dem Malessenfreier, sich eine Feme und eine Döppe entfernen zu lassen. Aber das findet Argan doch ein bisschen übertrieben …

Die beiden belabern Argan dann, sich mal mulo zu stellen, damit er muckern kann, ob und wie ihn seine Ehe-Kaline Béline liebt. Argan spielt mit – und muss dibbern, dass Béline nach seinem Figine-Tod laulone flennt, sondern hamel Jontef hat. Weil sie ohnehin schon ein Techtelmechtel mit einem Paragrafen-Makeimer hat und nun hofft, endlich Argans ganze Knete zu bewirchen …

Argan macht daraufhin die gleiche Mulo-Figine mit seiner Tochter Angélique – und muckert, dass die ihn wirklich liebt. Deshalb willigt er endlich ein, dass sie Cléante gasselt – allerdings nur, wenn der Schmarrer wird.

Doch Béralde hat eine Idee, die noch tofter ist: Er schlägt vor, dass Argan selbst Schmarrer wird. Das findet der auch jovel – und so wird gleich mit ein paar Figinenköstern eine entsprechende Zeremonie ausklamüsert, bei der Argan zum Schmarrer ernannt werden soll.

***„Der eingebildet(e) Kranke“** ist eine Komödie von Molière, die im Jahre 1673 in Paris uraufgeführt wurde.*

Die Kowe macht den Seeger

Wilhelm Voigt ist Fememalocher, und zwar Masminen-Makeimer. Aber er findet keine Maloche. Was auch damit zu tun hat, dass er eine Weile im Stillepenn gesessen hat. Nun will er von der Mispel eine Fleppe, die sich Aufenthaltserlaubnis schmust. Doch um die zu bewirchen, muss man eine Maloche haben. Aber eine Maloche bewircht man nur, wenn man eine Aufenthaltsfleppe hat …

Ein Teufelskreis. Deshalb beschließt der Seeger gemeinsam mit einem Kumpel, in das Mispel-Beis einzubrechen. Er will sich dort eine Fleppe schoren, sein Kumpel die Kasse klemmen. Aber die Sache geht in die Plinte: Die beiden Hegels werden gechappt, Wilhelm Voigt muss wieder für ein paar Jennikes ins Stillepenn.

In der Knastbücherei dibbert Voigt ein Buch über das preußische Militär, das er hamel büffelt, bis er alles auswendig runterlabern kann. Der Stillepenn-Direktor, ein tofeler Kommisskopp, findet das tofte. Und als er mit den Knackis eine Schlachten-Figine aufführt, bewircht Voigt schon mal eine Obermacker-Rolle. Kurz vor der Entlassung lobt der Knastchef ihn wegen seiner militärischen Zerche und schmust ihm, eigentlich wäre er der geborene Soldat – trotz seiner O-Zomen.

Und da hat Wilhelm Voigt eine jovle Idee: In einem Klamotten-Laden bickt er eine alte Uniform, und zwar die eines Hauptmanns. Er schemmt im Scharett aufn Schont, zieht da die Uniform an – und muckert gleich, was so eine Kowe ausmacht. Ein Hegel, der vor der Schontebeis-Tür gerade noch laut gemosert hatte „Wer schontet denn da so lange?“, nimmt gleich Haltung an, als Voigt in Hauptmannskowe aus dem Kabuff kommt: „Jawoll, Herr Hauptmann!“ Mit der Kowe fühlt Voigt sich als ganz anderer Seeger. Und muckert mit viel Jontef, dass die anderen ihm plötzlich mit dem begegnen, was sich Respekt schmust.

Und dann zieht er seine schumme Schau ab: Auf der Strehle rekrutiert der Masminen-Makeimer in Hauptmanns-Kowe einen Trupp Soldaten und teilacht mit ihnen zum Ratbeis von Köpenick. Dort lässt der Figinenköster den Obermacker, der sich Bürgermeister schmust, und den Stadtkämmerer (das ist der Seeger, der sich um die Penunzen des Kaffs kümmert) verhaften. Voigt ist hamel brastig, dass er im Ratbeis keine Fleppen findet – und übernimmt stattdessen die Stadtkasse. Dann entlässt er die Soldaten und böscht plete.

Während Wilhelm Voigt, inzwischen wieder in seiner alten Kowe, in einer Kaschemme pooft, macht die Geschichte schumme Schlagzeilen. Und man schmust, sogar der Kaiser habe sich beömmelt. Ein paar Tage später schemmt der Figinenköster zur Mispel und legt ein Geständnis ab – und verlangt dafür die Ausstellung einer Fleppe. Er schmust der Mispel auch, wo er die Hauptmanns-Kowe versteckt hat. Als die Klamotten geholt werden, zieht er sie noch einmal an – und muss selbst über sich und seine Figine schmergeln.

***„Der Hauptmann von Köpenick“** beruht auf einer wahren Begebenheit, die sich im Jahre 1906 ereignet hat. Die Geschichte, über die sich seinerzeit ganz Deutschland amüsierte, wurde schnell zum Gegenstand zahlreicher Veröffentlichungen. Die wohl bekannteste ist die Tragikomödie „Der Hauptmann von Köpenick. Ein deutsches Märchen in drei Akten“ von Carl Zuckmayer (1930), die später auch Grundlage mehrerer Verfilmungen war, etwa mit Hans Rühmann (1956) und Harald Juhnke (1997).*

Ein jovler Jontef-Makeimer

Der tolle Bomberg, ein Nobel-Seeger aus dem Münsterland, war ein hamel jovler Figinenköster, er hätte es locker mit Jontef-Makeimern wie Baron Münchhausen oder Till Eulenspiegel aufnehmen können. Stets hatte er Tinnef im Schero. Und wer immer ihn dibberte, der musste damit rechnen, von ihm auffe Lapane genommen zu werden.

Das galt auch für die eigene Mischpoke. Seine junge Kaline hatte beispielsweise gehofft, auf der Gassel-Reise etwas von der großen, weiten Welt zu dibbern – aber Bomberg setzte sie in seinen Zossen-Wuddi und juckelte mit ihr durch die Bendine, die sich Münsterland schmust. Bis sie schließlich muckerte, dass der Baron sie schon dollar Mal im Kreise rund um Münster kutschiert hatte …

Als Schwiegermutter darauf bestand, dass ihr Anim endlich in die münsterische Nobel-Mischpoke eingeführt wird, gab der Baron eine große Fete. Dafür hatte er nicht nur jede Menge zum Achilen und zum Picheln gebickt – sondern sich bei seinem Kumpel Prof. Landois auch kotene Wattebäuschchen mit Flöhen besorgt, die er den Anims stikum in die Kowe mänglowierte. Das gab ein munteres Jucken und Jauchzen, Drücken und Dellen, Burken und Bölken. Manche Seegers glaubten, die Kalinen seien ihretwegen ganz aus dem Beischen. Der Baron schmergelte sich einen. Und kam auch sonst auf seine Kosten: Er half einer schuckeren Gräfin bei der Flohjagd in delikaten Bendinen und soll dabei auch vor der Bräseplinte nicht Halt gemacht haben …

Der Baron feierte auch gerne in einer Edel-Kaschemme in Münster – wo er im Hof marmorne Göbelbecken installieren ließ, wo er immer mal wieder mit Gläsern und Schawelen um sich warf, wo er den Musikanten Nobelpani in die Tuba goss und wo er auch selbst in jeder Beziehung mal heftig auf die Pauke dellte. Dort soll der Baron einmal sogar mit dem Zossen über den gedeckten Tisch gesprungen sein.

Wenn der Baron von Münster nach Beis zurückkehrte, hatte er stets Malessen mit dem Tralli. Weil es dort kein Scharett gab, hielt der Tralli nicht in seinem Kaff. Jedenfalls nicht planmäßig. Dann zog Bomberg einfach die Notbremse, schuckte die Strafe und schmergelte: „Mal dibbern, wer das länger durchhält, der Fiskus oder ich." Einmal bremste er sogar einen Tacko-Tralli, in dem auch der Salonwuddi eines Herzogs mitpäste, stieg aus, maimelte an den nächsten Telegraphenmasten und stieg wieder ein, um nach Dülmen weiterzufahren, wo sein Zossen-Wuddi schon wartete. Da hatte die Tralli-Mänglowation wohl den Zinken voll, wie man so schmust – und das Kaff bewirchte sein Scharett.

Einmal hatte ein neuer Mispelboss wegen Tollwut eine Ausgehsperre für alle Juchelos verhängt, aber Bomberg teilachte frech mit einem großen Keilof durch die Strehlen. Und bewirchte prompt eine Strafverfügung, das heißt, er sollte hamel Lowi blechen. Aber Bomberg schmergelte nur und verkasematuckelte den Mispel-Mackern, er sei doch nur mit einem von Prof. Landois gezähmten Wolf durch Münster geschemmt. Und für Wölfe gelte die Mispel-Verordnung bekanntlich nicht …

Dann war Westfälischer Adelstag. Bomberg war nicht eingeladen, weil die westfälische Nobel-Mischpoke ihn für meschugge hielt. Also stieg Bomberg in seinen Zossen-Wuddi, päste zu dem Poofbeis, wo sich die Mischpoke treffen wollte, und schmuste dem Kower, er wolle den ganzen Krempel bicken. Der war erst mal baff – aber als Bomberg mit hamel Knete lockte, stimmte er zu. Anschließend besorgte Bomberg sich ein paar schumme Hafenmalocher mit viel Schmackes, die die ankommenden Nobelfreier wieder auffe Strehle warfen. Er stand derweil oben aufm Balkon und schallerte: „Ich bin der Schmarrer Eisenbart, kurier die Leut' auf meine Art …"

Wegen der vielen Streiche blieb es nicht aus, dass das Volk sich die Gosche zerriss. Es gab auch etliche, die hamel brastig auf ihn waren, weil er sie hereingelegt hatte. Und schließlich ließ sich die Baronin belabern, einen Antrag auf Entmündigung ihres Mackers zu stellen.

Bei der Verhandlung ging es vor allem um die Verschwendung, weil er damit – so schmuste man – seine Mischpoke der Gefahr des Notstandes aussetze. Der Staatsanwalt laberte was von teuren Jagden und Feten, dass er mit dem Zossen in Marktstände geritten sei, auch von Zertrümmerungen war die Rakawele, von fortgesetzten Randalen und Maukenbädern in Nobelpani. Der Verteidiger verknickerte dagegen, dass Bomberg nur einen Bruchteil seiner Einkünfte verschwende, was keine Gefahr für seine Mischpoke sei. Und im Übrigen könne ja jeder mit seiner Knete machen, was er wolle. Daraufhin brach der Prozess zusammen.

Und draußen holte der Baron Goldstücke ausse Chatte und ließ sie vor Hunderten von Kneisterern übers Pani der Stadtgräfte schwofen, wie es die Koten sonst mit Kieselsteinen machen …

„Der tolle Bomberg" *ist ein (Schelmen-) Roman von Josef Winckler, der im Jahre 1923 erschien. Er wurde 1957 mit Hans Albers in der Hauptrolle verfilmt. Als Vorlage für die Romanfigur diente Baron Gisbert Freiherr von Romberg, der auf Schloss Buldern residierte.*

Der Koten, der nicht wachsen will

Schon die Kaline, die Oskars Mutter ist, wird unter Umständen gezeugt, die irgendwie nerbelo sind: Seine Omma ist gerade auf einem Acker irgendwo in der kaschubischen Bendine zugange, Matrelen auszubuddeln, als sie dibbert, wie ein Seeger vor der Mispel flüchtet und verzweifelt nach einem Versteck sucht. Er findet es bei dem Knäbbelanim – beziehungsweise unter den vier weiten Röcken, die sie am Balg trägt. Als die Mispel wieder plete böscht und der Seeger unter den Röcken hervorkriecht, wird klar, dass er dort nicht nur Verstecken gespielt hat …

Auch bei Oskar Matzeraths Zeugung bleibt einiges im Dunkeln. Keine Zerche, wer denn nun sein Vater ist, weil Agnes, die Kaline, wo seine Mutter ist, gleich mit zwei Seegers ein Techtelmechtel hat. Und auch sonst ist Oskar eher ungewöhnlich: Schon als er zum ersten Mal die Funzeln dieser Welt knispelt, so schmust er uns, war er im Schero voll entwickelt, also hamel kochum. Als der Koten kimmel Jennikes wird, bewircht er eine Trommel. Und beschließt, nicht mehr zu wachsen. Statt zu labern, trommelt er.

Und wenn er was nicht ab kann, nutzt er eine besondere Begabung: Er kann Glas zerschallern. Als seine Mutter mit ihm zum Schmarrer schemmt, macht er davon Gebrauch – und zerschallert alle Glasgefäße im Behandlungskabuff. Und als er mit sechs Jennikes in die Schule soll, dellt er noch mal zu: Erst zerschallert er die Fineten der Penne, dann das Roineisen der Paukerin.

Einmal in der Woche setzt Agnes ihren Koten bei dem Spielwarenverscherbeler ab, bei dem sie beinahe jede Woche eine neue Trommel bicken muss. Und während Agnes sich mit einem Seeger in einem Poofbeis trifft, nutzt Oskar die Zeit zum Scharwenzeln. Einmal klettert er auf den Stockturm – und zerschallert von da die Fineten am Figinenbeis.

Oskar nutzt seine Fähigkeiten auch, um aus ehrlichen Seegers Gannefs zu machen. Gerade dann, wenn sie vor einem Schaufenster stehen und in die Auslagen dibbern, schallert er ein Loch in die Finete – und so mancher greift dann stikum zu. Auch Jan Bronski, mit dem seine Mutter ein Techtelmechtel hat: Er packt mitte Feme durch ein Loch und schort ein paar Klunker für seine Kaline.

Und was man mit der Trommel alles makeimen kann, zeigt Oskar bei einer Kundgebung der braunen Mischpoke, die sich NSDAP schmust: Er setzt sich unter das Rakawelen-Pult und bringt mit seiner Trommelei den ganzen Spielmannszug dazu, nach seinem Takt zu spielen – einen Walzer. Und die Seegers und Kalinen schwofen dazu …

Und genauso nerbelo verläuft auch Oskars weiteres Leben. Er ist ambach, als in der Post in Danzig der Krieg beginnt – weil er dort einen Seeger sucht, der seine Trommel reparieren soll. Er hat ein Techtelmechtel mit dem Beisanim Maria – das aber dann doch seinen Vater gasselt. Er schenkt Marias Sohn Kurt, den er für seinen Koten hält, zum dritten Geburtstag eine Trommel – was der aber eher nerbelo findet. Er schmeißt seine Trommel in das Grab, als sein Vater Matzerath beerdigt wird, weil er wieder wachsen will. Er bewircht einen Job als Blankomodell, womit er so viel verdient, dass er eine eigene Kabache beschollen kann. Er tourt als „Oskar der Trommler“ durch die Bendine, womit er hamel viel Moos macht. Und irgendwann landet er – weil man glaubt, er habe eine Kaline mulo makeimt – in einem Beis, in dem Leute sitzen, die man für nerbelo oder meschugge hält. Aber dann stellt sich heraus, dass er unschuldig ist. Und Oskar hat hamel More, dass er entlassen wird …

***„Die Blechtrommel“** ist ein Roman von Günter Grass, der im Jahr 1959 erschienen ist. Er gilt als eines der wichtigsten Werke der deutschen Nachkriegsliteratur.*

Die Bremer Schallermänner

Es war einmal ein Macker, der hatte einen Esel, der nicht mehr tacko teilachen und malochen konnte. Deshalb wollte er ihn mulo makeimen. Als der Esel das muckerte, böschte er plete. Er wollte nach Bremen schemmen und Schallermann werden.

Auf der Strehle dibberte er einen Keilof, der hamel schofel ausrointe und dem das Pani fast inne Döppen stand. „Was flennste denn so, Bello?", rakawelte der Esel. Und der Juchelo schmuste dem Esel, dass sein Hegel ihn beinahe mulo gedellt hätte, weil er nicht mehr tacko päsen könne.

„Schemm doch mit!", laberte der Esel. Und sie teilachten gemeinsam weiter. Später dibberten sie noch eine Matschka und einen Baschlo, die beide hamel Stoof mit ihrem Kneis hatten. Und die beiden schemmten auch mit.

Abends, als die vier poofen wollten, knispelte der Baschlo ein Beis. Und weil alle hamel Brand und Roof hatten, laberte die Tölc: „Lass und doch mal dibbern, ob es da für lau was zu schickern und zu frengeln gibt."

Sie kneisterten durch die Finete und peilten vier Boofken, die jovel am Picheln und am Achilen waren. Da lief den Vieren das Pani in der Gosche zusammen. Und sie baldowerten aus, wie sie die Boofken vertreiben könnten: Der Keilof sprang auf den Esel, die Matschka kletterte auf den Keilof und der Baschlo flog auf die Matschka – und dann schallerten sie so laut los, dass die vier Seegers in dem Beis total kolone und reineweg nerbelo wurden und tacko plete böschten.

Der Keilof und seine Kumpels stürzten sich auf die Lowinen und die Achile – und spachtelten und schickerten, bis sie die Plautze hamel voll hatten. Dann wollten sie poofen. Der Esel haute sich auf den Kniest, der Keilof hinter die Tür, die Matschka an den Jack, der Baschlo aufn Balken.

Als die vier Boofken später nach ihrem Backs rointen und muckerten, dass alles ruhig war, laberten sie: „Wir sind doch keine Nerbeloköster, wir lassen uns doch nicht kolone machen." Einer, so beschlossen sie, sollte losscherbeln und ausbaldowern, was in dem Beis ambach war.

Der Seeger teilachte also zu dem Beis und schemmte inne Küche, wo die Matschka am Jack firchte. Der Bunke dibberte ihre Döppen, hielt die Klüsen aber für Kohlen – und hielt ein Sticken dran. Die Matschka verstand laulone Jontef und zerkratzte ihm das Ponum. Der Bunke wollte durch die Tür plete böschen, aber da biss ihm der Keilof in die Zomen, der Esel dellte ihm den Tokus und der Baschlo bölkte „Kikeriki!"

Da nahm der Seeger die Zomen inne Feme und päste wie meschugge zu den anderen Boofken. „In dem Beis", so rakawelte er, „sitzt ein schofles Anim, das hat mir mitte Feme die Schmiege verkasematuckelt. Hinter der Tür steht ein Macker mit ner Plotte, der hat mich in den Flunken geburkt. Auf dem Hof pooft ein Nerbelofreier, der hat mich mit nem Knüppel gedellt. Und oben auf dem Beis hockte die Schmier und bölkte: Her mit dem Boofken!"

Die vier Bunken gingen stiften. Aber die Schallermänner fanden es so jovel, dass sie in dem Beis blieben. Und wenn sie nicht mulo sind, dann leben sie noch heute da.

„Die Bremer Stadtmusikanten" *gehören zu den Märchen, die die Brüder Jacob und Wilhelm Grimm Anfang des 19. Jahrhunderts in ihrem Buch „Kinder- und Hausmärchen" veröffentlichten.*

Die Kimmeltackenschallerfigine

Diese Schallerfigine spielt in Soho, einer miesen Bendine von London, wo sich zwei schofle Bunken Konkurrenz machen.

Der eine: Jonathan Peachum. Er und seine Kaline Celia bewirchen ihre Penunzen mit einer Firma, die sich aufs Belgen, Hügen und Fechten spezialisiert hat. Sie stecken Schauter und Schicksen, die klamm mit Lowi sind, in schofle Kowe und schicken sie zum Mangeweelen auffe Strehle. Natürlich gegen entsprechende Beteiligung – das heißt, die Mangeweeler müssen die Hälfte der Knete abdrücken. Mindestens.

Der andere: Macheath, den man Mackie Plotte schmust, weil er immer tacko ne Plotte in der Feme hat. Er ist ein schofler Boofke, der schon viel geschort und machullt hat. Aber er hat einen toften Draht zum Mispelboss Tiger Brown, der ihn schon mehrmals vor der Hinrichtung bewahrt hat.

Obwohl die Peachums selbst viel Kniest am Stecken haben, sind sie doch hamel brastig, als sie muckern, dass ihre Tochter Polly stikum den Bunken Mackie Plotte gegasselt hat. Die Gasselfete fand in einem Zossenstall statt, die gesamte Ausstattung hatten Mackie Plottes Seegers zusammengeschort.

Tacko baldowern die Peachums aus, wie sie zwei Fliegen mit einer Klappe burken können: Sie wollen Mackie Plotte der Mispel ausliefern. Damit wären sie erstens den schoflen Schwiegerkoten los und könnten zweitens auch noch die Penunzen kassieren, die auf seinen Schero ausgesetzt sind. Polly warnt den Seeger jedoch und Mackie Plotte böscht plete.

Auf der Flucht besucht er seine ehemalige Kaline, die Nabbelschore Jenny, in einem Chaumelbeis. Aber er hegt keine Zerche, dass vorher schon Celia Peachum da war und Jenny den Scherozaster versprochen hat, wenn sie Mackie Plotte verrät. Bei der Flucht aus dem Chaumelbeis wird der Plottenseeger von der Mispel gechappt.

Im Stillepenn bekommt Mackie Plotte Besuch von Mispelboss Tiger Brown, der ihm verknickert, er könne diesmal laulone was für ihn tun. Aber Tigers Tochter Lucy will dem Seeger wohl helfen – weil sie auch ein Techtelmechtel mit ihm hat.

Unterdessen fordert die Nabbelschore Jenny den Scherozaster, der auf Mackie Plotte ausgesetzt war, muss aber erfahren, dass er schon wieder ausgebüxt ist. Doch sie ahnt, wo der Bunke ist und schmust das dem Peachum, der es wiederum dem Mispelboss schmust. Der lässt Mackie Plotte daraufhin chappen und ins Stillepenn zurückbringen – und setzt dann die Hinrichtung an.

Am anderen Morgen steht Mackie Plotte bereits am Galgen, als Tiger Brown als königlicher Bote auf einem Zossen angepäst kommt und verkündet, was die Oberkaline, die sich Königin schmust, aus Anlass ihrer Krönung ausbaldowert habe: Sie habe den Boofken in den Adelsstand bugsiert, außerdem bewirche er ein Nobelbacks und lebenslange Monatsknete …

„Die Dreigroschenoper" *ist ein Theaterstück von Bertholt Brecht mit Musik von Kurt Weill. Das Stück, das 1928 in Berlin uraufgeführt wurde, enthält einige Songs – allen voran die Moritat von Mackie Messer und das Lied von der Seeräuber-Jenny –, die Welthits wurden.*

Pfeiffer mit kimmel „f"

Ein paar Seegers sitzen zusammen, picheln eine Feuerzangenbowle und labern über die Zeit in der Penne. Und den Tinnef, den sie damals makeimt haben, um die Pauker auf die Lapane zu nehmen. Alle haben hamel Jontef. Nur einer kann laulone mitschmergeln: Dr. Johannes Pfeiffer. Denn er ist nie auf eine Penne geschemmt, weil er einen Beis-Pauker hatte. Die anderen verknickern ihm daraufhin, das müsse er unbedingt nachholen. Er sei doch noch jung – und wenn er sich die passende Kowe besorge, könne er für ein paar Wochen mal in eine richtige Penne teilachen.

Und Pfeiffer – in Berlin bereits ein bekannter Schriftsteller, der viele Fleppen verscherbelt und dementsprechend hamel Knete hat – lässt sich belabern, einen Primaner zu mimen. Er schemmt zum Kapper, burkt sich den Schurrbart ab, bickt sich nen Nickel-Roineisen – und schlüpft in eine Kowe, die etwas zu koten ist, so dass es ausroint, als sei er gerade aus den Klamotten herausgewachsen.

Und dann teilacht er in die Oberprima einer alten Penne in einem kleinen Kaff, das sich Babenberg schmust. Gleich in der ersten Stunde, bei Professor Crey, den sie „Schnauz" schmusen, gibt's hamel was zu schmergeln. Denn Schnauz will wissen, ob sich Pfeiffer mit olf oder bes „f" schreibt. Und Pfeiffer antwortet: „Kimmel f – eins vorne und zwei hinten." Während sich die Pennäler beömmeln, findet der Pauker das laulone lustig: „Sä send etwas albern."

Pfeiffer mit kimmel „f" macht sich in der Penne schnell beliebt, weil er gerne ein bisschen Tinnef makeimt. Als beispielsweise ein Seegerling an der Tafel steht und keine Zerche hat, was er dort zeigen soll, hilft Hans ihm mit dem Taschenspiegel auf die Sprünge. Und als Schnauz mal wieder seinen selbst gepanschten Heidelbeerwein mitbringt, um den Schölern die alkoholische Gärung zu verknickern, mänglowiert Pfeiffer eine große Figine: Alle tun so, als wären sie pegelschicker – bis sie vorzeitig nach Beis geschickt werden. Der Professor ist ziemlich kolone und beteuert in einem fort, er habe den Pennälern doch „nor einen wenzigen Schlock" zu picheln gegeben.

Irgendwann taucht Pfeiffers Kaline Marion in Babenberg auf, verknickert ihm, dass sie seine Pennäler-Figine ziemlich meschugge findet, und belabert ihn, er solle mit dem Tinnef aufhören und wieder nach Berlin zurückkehren. Hans schmust erst „ömmes", aber als er dann auf dem Weg zum Scharett an der Penne vorbeischemmt, macht er kehrt und bleibt doch. Und das auch deshalb, weil er sich inzwischen in Eva, die schuckere Tochter des Direktors, verknallt hat.

Doch als er das alles Eva rakawelt und ihr überdies schmust, dass er einen Doktor hegt und als Schriftsteller malocht, da schüttelt die nur den Schero. Sie glaubt ihm nicht, ist hamel brastig und meint, das sei alles nur Figine.

Tja, und dann der Höhepunkt: Pfeiffer hat mit etwas Schwefelwasserstoff, der hamel schofel zirocht, dafür gesorgt, dass die Physik-Kabache der Ischenpenne nicht mehr genutzt werden kann – und einen toften Plan ausklamüsert: gemeinsamer Unterricht. So schemmen die Ischen in die Strigopenne, wo sie schon sehnsüchtig erwartet werden. Pfeiffer mimt dort den Physik-Pauker Crey alias Schnauz – der an diesem Tag nicht zum Unterricht erschienen ist, weil Pfeiffer ihm den Osnik verstellt hat. Und Pfeiffer zieht eine jovle Schau ab, Ischen und Seegerlinge haben hamel Jontef. Doch dann taucht plötzlich der Direx mit dem Oberschulrat auf, weil man ausbaldowern will, ob Professor Crey selbst für eine Direktoren-Stelle in Frage kommt. Und Zeus, wie sie den Direktor schmusen, beschwört Pfeiffer, die Figine weiterzumachen, damit der Oberschulrat bloß nix muckert …

Als der Oberschulrat gerade rakawelt hat, dass er das soeben Gedibberte jovel fand, und sich verabschieden möchte, taucht der echte Professor Crey auf – und die beiden Zerchen-Seeger, der echte und der falsche, stehen sich schnaubend gegenüber. Dann macht Hans Pfeiffer der Figine ein Ende – und es gibt das, was sich neudeutsch Happy End schmust: Hans und Eva können gasseln.

„Die Feuerzangenbowle" *ist ein Roman von Heinrich Spoerl aus dem Jahre 1933. Das Buch wurde mehrmals verfilmt, am bekanntesten ist die 1944 entstandene Fassung mit Heinz Rühmann in der Hauptrolle. In einigen Universitätsstädten hat der Film Kultstatus. Zu den Aufführungen, die traditionell in der Vorweihnachtszeit stattfinden, bringen die Besucher unter anderem Glühwein, Lebkuchen und Wunderkerzen mit – oder auch Wecker und Fahrradklingeln …*

Jovel und Schofel

Der Graf von Moor hat zwei Koten. Sie heißen Karl und Franz, aber sie könnten sich auch Jovel und Schofel schmusen. Karl sieht jovel aus, war immer Vaters Lieblingskoten und studiert in Leipzig. Franz roint schofel aus, hatte immer Hallas mit dem Vater und ist neidisch auf seinen Bruder.

Allerdings hat Karl als Student mächtig auffe Sahne gedellt und hamel einen auffe Malme gemacht. Deshalb hat er eine Fleppe an seinen Vater geschrieben und um Verzeihung gebeten. Doch Franz chappt die Fleppe ab und mänglowiert eine andere – in der er sich als Kumpel seines Bruders ausgibt und von Karls angeblichen Schurkereien rakawelt. Der Vater ist hamel brastig und enterbt seinen Koten. Als Karl das muckert, wird er völlig kolone – und lässt sich von seinen Kumpanen zum Obermacker einer Boofkenbande wählen.

Franz schmonselt auch Amalia, Karls Kaline, allerlei Schofeles über seinen Bruder – etwa, dass er ihren Verlobungsbassel verscherbelt habe, um damit eine Nabbelschore zu beschollen. Denn Franz möchte Amalia gerne selbst gasseln. Doch sie muckert, dass das alles nur Figine ist, und weist ihn zurück. Er ist brastig.

Dann versucht Franz auszubaldowern, wie er selbst Obermacker im Moor-Beis werden könnte. Dafür belabert er einen Seeger namens Hermann. Der muss sich als Kumpel von Karl verkleiden und schmust dem alten Moor dann, sein Sohn Karl sei gepeigelt. Der Alte klappt wie mulo zusammen. Und Franz dibbert sich schon als Obermacker.

Unterdessen macht Karl mit seiner Boofkenbande Randale. Sie stecken ein Kaff in Brand, um einen Kumpan zu befreien. Dabei werden viele Seegers und Kalinen machullt. Karl bewircht Gewissensbisse – und beschließt, noch mal nach Beis zu teilachen.

Unterdessen versucht Franz wieder mal, Amalia rumzukriegen, und rakawelt, er wolle sie gasseln. Doch sie schmonselt wiederum „laulone". Franz wird hamel brastig. Wenn sie ihn nicht gasseln wolle, so bölkt er schließlich, werde er sie zu seiner Mätresse machen – also mit ihr auch ohne Gassel und Bassel inne Poofe steigen. Schließlich kann Amalia ihm die Plempe entreißen und ihn davonjagen. Später trifft sie Hermann, der mittlerweile bereut, was er makeimt hat. Er verknickert Amalia, dass Karl und sein Vater noch leben.

Dann teilacht Karl, verkleidet als Graf von Brand, auf das elterliche Schloss. Amalia zeigt ihm das Backs und schemmt mit ihm inne Ahnengalerie, hegt jedoch keine Zerche, wer er ist. Aber Franz dibbert, wer sich hinter dem Grafen verbirgt. Und er verknickert seinem Diener, er solle den fremden Seeger vergiften. Der Diener muckert jedoch, dass der Seeger Karl ist – und schmust ihm, was sein Bruder ausklamüsert hat. Als Karl dann auch noch erfährt, dass sein Vater in einem Turm eingesperrt ist, befiehlt er seiner Bande den Sturm auf das Schloss. Franz muckert, dass er verkimmelt hat und erdrosselt sich mit der Obermann-Schnur.

Als Karl seiner Mischpoke schmust, dass er Obermacker einer Boofkenbande ist, peigelt sein Vater vor lauter Brassel. Amalia dagegen will ihm verzeihen und trotzdem mit ihm leben, doch das, so rakawelt Karl, sei laulone möglich, weil er den Boofken ewige Treue geschworen habe. Aber ohne ihn will Amalia nicht leben, sie schmust Karl, er solle sie mulo makeimen – was der schließlich auch tut.

Karl muckert, dass sein Leben vermasselt ist. Und beschließt, am Ende noch etwas Toftes zu tun, indem der sich in die Femen eines armen Seegers begibt, der kein Lowi, aber elf Koten hat – damit der den Scherozaster kassieren kann, der auf ihn ausgesetzt ist.

„Die Räuber" *ist der Titel eines Schauspiels von Friedrich Schiller, das 1781 veröffentlicht und 1782 uraufgeführt wurde. Es machte den Dichter schlagartig berühmt.*

Achile für Eine

Miss Sophie ist schon ziemlich tofel, aber sie fühlt sich noch hamel jovel. Und deshalb hat die Kaline zum 90. Geburtstag eingeladen. Leider sind die Seegers, mit denen sie früher gerne einen gepichelt hat, längst mulo. Doch Sophie möchte weiter so feiern wie anno dazumal. Und so muss Macker James, der bei ihr im Beis die Maloche makeimt – die Tommys schmusen solche Seegers „Butler" –, den Figinenköster machen: Er mimt einfach auch die andern Seegers:

Da ist Sir Toby, der alte Schickermann, der offenbar hamel Brand hat und das Glas nie voll genug kriegen kann: James muss immer aus der Finne noch etwas nachgießen.

Da ist Admiral von Schneider, der immer zackig „Skål" bölkt und dabei die Zomen zusammenknallt. Was James hamel schofel findet, weil er vermutlich Hühnerdöppen anne Mauken hat.

Da ist Mister Pommeroy, der wohl schon geahnt hat, dass die Fete später mal Silvester im Kneisterkasten läuft – und deshalb mehr als einmal was von „happy new year" labert.

Und da ist schließlich Mister Winterbottom, der alte Schlawiner, der Miss Sophie immer wieder anbaggert – mal schmust er, sie roine jünger aus als je zuvor, und mal rakawelt er, sie sei eine der schuckersten Kalinen, die man jemals gedibbert habe.

Während der Geburtstags-Achile muss Macker James nicht nur die andern Seegers mimen, sondern auch für alle vier mitpieren. Das bereitet James, der auch nicht mehr der

Jüngste ist, zunehmend Scheropiene – und deshalb fragt er zwischendurch immer mal wieder; „Die gleiche Schose wie letztes Jahr?“ Und Sophie schmonselt schmergelnd: „Die gleiche Schose wie jedes Jahr.“

So dauert es nicht lange, bis James ziemlich schicker ist. Er torkelt durch das Beis, stolpert über den Tigerschero, trifft mitte Schawele kaum noch die Gläser, kratzt den Wein mitte Feme vonne Tischplatte oder schickert auch schon mal das Pani ausse Blumenvase. Immerhin muckert er noch, dass das anders schmeckt als das Zeug, das er in der Schawele hatte – nämlich so, als wenn eine Matschka inne Vase gemiegt hätte …

Am Ende ist Miss Sophie quietschfidel und Macker James pegelschicker. Schließlich schmust sie, sie wolle jetzt verduften, vermutlich inne Firche. James fragt zum letzten Mal: „Die gleiche Schose wie letztes Jahr?“ Sophie schmergelt: „Die gleiche Schose wie jedes Jahr.“ Und dann stapft James mit der Kaline die Treppe rauf und schmust: „Ömmes, ich werde mein Toftestes geben!“ Was immer das sein mag …

***„Dinner for one“** ist eine Fernsehproduktion des NDR aus dem Jahre 1963. Sie wird seit Jahrzehnten traditionell an Silvester ausgestrahlt, gilt als die am häufigsten wiederholte Sendung der deutschen Fernsehgeschichte und genießt seit langem Kultstatus. Ursprünglicher Autor des Sketches ist Lauri Wylie, die bekannte Fernsehinszenierung geht auf den englischen Komiker Freddie Frinton zurück – der auch die Hauptrolle des Butlers James spielt.*

100 Jennikes gepooft

Schon lange hatten der Obermacker, der sich König schmuste, und seine Kaline gehofft, dass sie endlich einen Koten bewirchten. Und als der Koten endlich da war – ein hamel schuckeres Animchen –, da gab der Obermacker eine große Fest-Achile. Dazu lud er auch die muckeren Tölen ein, die sich Feen schmusten. Es gab in seiner Bendine 13 Feen, aber der Obermacker hatte nur zwölf goldene Teller im Schapp, so dass eine Fee bei Beis bleiben musste.

Nach der Fest-Achile bedachten die Feen das königliche Animchen mit jovlen Wünschen. Eine rakawelte, sie solle schucker ausroinen, andere wünschten ihr hamel Lowi oder tofte Tugenden. Doch als elf Feen gelabert hatten, böschte plötzlich die 13. Fee, also die Töle, die nicht geladen war, heran und rakawelte, der Koten solle sich, wenn er 15 Jennikes wär, an einer Spindel stechen und mulo umfallen. Die zwölfte Fee konnte diese Schofelei nicht aufheben, nur abmildern – und so rakawelte sie, es solle laulone der Mulo sein, sondern nur eine hundert Jennikes dauernde Pooferei.

Der König ließ daraufhin alle Spindeln kapores makeimen. Und so wuchs der königliche Koten zu einem Anim heran, das schucker ausrointe und das alle jovel fanden. Eines Tages, als das Anim gerade 15 und allein bei Beis war, schemmte es neugierig durch das ganze schumme Schloss. Und dibberte im Turm eine Kabache, in der eine Alsche saß und am Spinnen war. Neugierig streckte das Anim die Feme nach der Spindel aus – und stach sich in den Finger. Die

Ische fiel augenblicklich in einen tiefen Poof. Und nicht nur sie: Das ganze Backs fing an zu firchen, der Obermacker und seine Kaline, alle Malocher, sogar die Keilofs im Hof und der Jack im Herd. Und rund um das Backs wuchs eine Dornenhecke, die so schumm und hoch war, dass man das Beis nicht mal mehr dibbern konnte.

In der ganzen Bendine rakawelten die Seegers und Kalinen die Mär von dem schuckeren Königsanim, das man inzwischen Dornröschen schmuste. Und immer mal wieder kamen Königskoten, die das Anim befreien wollten, aber sie blieben alle in der Hecke stecken und viele peigelten dort.

Irgendwann nach vielen Jennikes kam wieder mal ein solcher Seeger vorbei. Er wolle unbedingt Dornröschen dibbern, rakawelte er, und er habe laulone More. Genau da waren die 100 Jennikes vorbei. Als der Seeger an die Hecke kam, wurden aus den Dornen Blumen und das Gestrüpp öffnete sich. So konnte der Seeger ins Backs schemmen. Schließlich kam er auch in die Turmkabache, wo Dornröschen poofte. Und sie rointe so schucker und jovel aus, dass er ihr gleich einen Schumm ins Ponum drückte. Da machte Dornröschen die Döppen auf – und der Fluch der schoflen Fee war zu Ende.

Maschemau, und dann haben das schuckere Dornröschen und der muckere Seeger gegasselt. Massel-End!

***„Dornröschen“** gehört zu den Märchen, die die Brüder Jacob und Wilhelm Grimm Anfang des 19. Jahrhunderts in ihrer berühmten Sammlung „Kinder- und Hausmärchen“ veröffentlichten.*

Der Pauker, der aus dem Knast kam

Zeki Müller hat im Stillepenn gesessen, weil er ein Balachesen-Beis überfallen hat. Nun wird er aus dem Knast entlassen – und will an die Schore. Doch als er endlich die Stelle ausbaldowert hat, wo sein Anim vor mehr als einem Jahr die Knete verbuddelt hat, traut er seinen Döppen nicht: Da steht jetzt eine schumme Kabache drauf – die Turnhalle der Goethe-Gesamtpenne.

Um irgendwie an die Penunzen heranzukommen, bewirbt sich Zeki bei der Penne um die Maloche des gepeigelten Beismeisters – bewircht dann aber, maschemau, aus Versehen eine Stelle als Pauker …

Es dauert nicht lange, da hat er das größte Problem der Penne anne Hacken: Er muss die 10b übernehmen – die schofelste Klasse im ganzen Goethe-Beis. Und das auch deshalb, weil er Schmuh gemacht hat: Lisi Schwalbenstedt, eine junge Paukerin, die bislang die 10b hatte, hat gemuckert, dass Zeki stikum ihre Fleppe kopiert hat, um sie als seine eigene auszugeben. Lisi nutzt das, um Zeki zu erpressen und ihm die 10b anzudrehen – die Klasse, die ständig Tinnef und Hallas macht.

Aber Zeki ist mucker. Er kann die 10b langsam, aber sicher auf seine Seite ziehen – mit Lisis Hilfe und mit einigen Methoden, die man in keinem Lehrplan dibbern kann. Dazu gehört unter anderem eine Graffiti-Aktion – bei der ein Schüler „Fack ju Göhte" auf einen Tralli sprüht. Dabei kommen sich Zeki und Lisi, die früher selbst mal auf der Goethe-Penne gebüffelt hat, nach und nach immer näher.

Zeki hat unterdessen schwer schanägelt, um mit einem Tunnel an die Schore zu kommen und hat schließlich mit der Lapane das Zaster-Versteck erreicht. Doch wenig später entdeckt Lisi den Tunnel – weil ein schummes Anim beim Turnen durch den Hallenboden kracht. Sie muckert, dass Zeki früher mal ein Boofke war, und beendet das Techtelmechtel.

Zeki ist hamel brastig und fällt in Boofken-Zeiten zurück. Er will mit einem Kumpan einen Balachesen-Wuddi überfallen. Doch als er dabei von Pennälern angelabert wird und dann auch noch den Tralli mit der Aufschrift „Fack ju Göhte" vorbeipäsen dibbert, bläst er den Überfall ab. Und nicht nur das: Er schemmt zur Oberkaline der Penne und schmust ihr, dass er laulone ein Pauker ist, ja nicht einmal Abi hat. Aber die Oberkaline will ihn unbedingt als Pauker behalten, weil er so jovel mit der 10b klar kommt – und makeimt ihm kurzerhand eine falsche Abi-Fleppe. Und so gibt es ein Massel-End: Zeki mimt weiterhin den Pauker, die Koten ausse 10b bewirchen plötzlich bessere Noten und das Techtelmechtel mit Lisi nimmt wieder Fahrt auf.

***„Fack ju Göhte"** ist eine Komödie von Bora Dagtekin aus dem Jahre 2013, die mit weit über sieben Millionen Besuchern zu den erfolgreichsten deutschen Kinofilmen gehört. Mittlerweile sind zwei weitere Folgen erschienen.*

Geballte Feme

Heinrich ist ein Zerchen-Seeger, der schon etliche Jennikes auf dem Buckel hat. Er schmust sich Faust, also geballte Feme. Und er hat wohl auch häufiger die geballte Feme inne Chatte, weil es ihn hamel kolone macht, dass er mit seiner Maloche und dem Leben nicht klar kommt. Und deshalb hat er irgendwie keinen Bock mehr auf nix.

Eines Tages, als er Ostern so durch die Bendine schemmt, dibbert er eine schwatte Töle, die er mit in sein Beis nimmt – und die sich dort als schofler Keilof entpuppt. Er schmust sich Mephisto – und ist der Teufel. Heinrich baldowert mit ihm einen Pakt aus: Er will ihm seine Seele verscherbeln, wenn Mephisto es schafft, dass er Lust und Liebe, Massel und Jontef wieder jovel genießen kann.

Mephisto legt sich gleich hamel ins Zeug und schemmt mit Heinrich in eine Kaschemme, die sich Auerbachs Keller schmust. Da wird geschickert, geschallert und geschwoft. Aber Heinrich findet das nicht wirklich jovel, zumal es dann auch noch Stoof gibt, als ein paar Schickermänner plötzlich eine Plotte inne Feme haben.

Mephisto panscht daraufhin ein Zauberpani, damit Heinrich jünger und tofter ausroint. Und nicht nur das. Mit diesem Pani im Balg, so schmust Mephisto, werde Heinrich bald alle Kalinen für kurant und schucker halten.

Und dann schemmt auch schon Gretchen über die Strehle, die gerade ausse Tiftel kommt. Faust ist gleich hin und weg. „Meine kurante Kaline“, schmust er – und ob er es wagen dürfe, sie auf dem Weg nach Beis zu begleiten. Aber Gretchen, die aus einem einfachen Beis stammt, schmonselt scheu und schüchtern: „Laulone." Sie sei keine kurante Kaline, rakawelt sie, und sie könne alleine nach Beis schemmen.

Das alles macht sie in Heinrichs Döppen noch kuranter und schuckerer. Deshalb schmonselt er Mephisto, er solle ihm gefälligst das Anim herbeischaffen. Erst versucht man es mit Klunkern, aber die landen beim Gallach. Dann wird die Nachbarin, Marthe Schwerdtlein, eingespannt. In deren Garten kommen sich Heinrich und Gretchen näher – während Mephisto alle Mühe hat, sich Marthe vom Balg zu halten.

Und dann geschieht, warum sich das Ganze Tragödie schmust. Erst muss Gretchens Mutter peigeln – weil sie das Poofmittel nicht verträgt, das Faust besorgt hat, damit er ungestört mit Gretchen techtelmechteln kann. Dann ersticht Faust im Stoof Gretchens Bruder Valentin, der ihm aufgelauert hat, weil er seine Schwester abgenabbelt hat. Und schließlich ist Gretchen auch noch pattisch.

Gretchen ist verzweifelt, ertränkt ihren neugeborenen Koten und wird zum Mulo verurteilt. Als Faust – der wegen der Bluttat plete geböscht war und das Kaff verlassen hatte – das muckert, ist er hamel brastig auf Mephisto. Und fordert ihn auf, das Anim zu retten. Faust dringt auch ins Stillepenn ein und will Gretchen verknickern, dass sie fliehen soll. Doch sie weigert sich. Und als sie hinter ihm Mephisto dibbert, kriegt sie hamel Muffensausen und empfiehlt sich Gott. Keine Zerche, ob der selbst antwortet – aber von oben schmust es: „Ist gerettet."

*„**Faust**" ist eine Tragödie von Johann Wolfgang von Goethe. Sie wurde 1808 veröffentlicht und gilt als das bedeutendste Werk der deutschen Literatur.*

Ich würde meine Seele verscherbeln – wenn ich dann Massel und Jontef wieder hamel genösse

Goldfinger

James, Pussy und ein schofler Dickbalg

James Bond malocht bei der britischen Spezial-Mispel und erhält von da den Auftrag, sich mal den Dickbalg Auric Goldfinger zu bekneistern. Und Bond muckert tacko, dass Goldfinger beim Kartenspiel die anderen abnabbelt. Ein Anim baldowert vom Beis gegenüber mit dem Fernglas die Karten von Goldfingers Gegnern aus und schmust ihm dann per Funk, was die auffe Feme haben. Bond chappt sich daraufhin dieses Anim, zwingt Goldfinger dann über Funk, nun mal zu verkimmeln – und schemmt anschließend mit der schuckeren Kaline inne Poofe. Als er ein bisschen Nobelpani kalt stellen will, taucht Goldfingers Mackel-Macker auf. Bond wird niedergedellt und das Anim komplett mit Goldfarbe eingeschmiert – was zwar hamel tofte ausroint, aber leider dazu führt, dass die Kaline peigeln muss.

Eine Weile später wird Bond erneut auf Goldfinger angesetzt. Der Dickbalg soll schofle Masematten mit Gold machen und dadurch das weltweite Zastersystem gefährden. Für seine Maloche bewircht Bond diesmal einen hamel jovelen Spezial-Wuddi – mit eingebauten Püstern, mit Nebelwerfer, ausfahrbaren Plotten zum Aufburken anderer Wuddi-Reifen und einem Schleudersitz, mit dem man Mitfahrer aus dem Wuddi bugsieren kann.

Bond, der sich wegen seiner Dienstnummer auch Null-Null-Söjen schmust, trifft sich mit Goldfinger auf einem Golfplatz, wo der Dickbalg nicht nur die Partie, sondern auch 5000 Pfund verkimmelt. Goldfinger ist deshalb hamel brastig und schmust Bond, er solle ihm nicht noch einmal in die Quere kommen. Und dann bittet er seinen Mackel-Macker zwecks Warnung mal zu zeigen, was er so drauf hat. Der zerquetscht daraufhin einen Golfball mit der bloßen Feme – und wirft seinen Obermann mit Stahlkrempe, so dass der wie eine Plempe einer Statue den Schero abburkt.

Trotzdem bleibt Bond Goldfinger auf den Fersen. Und entdeckt in der Schweiz, was der Dickbalg ausbaldowert hat, um Gold zu schmuggeln: Er hat sich einfach einen Wuddi aus Gold mänglowieren lassen, mit dem er über alle Grenzen juckelt. Allerdings wird Bond kurz darauf von Goldfingers Mackern entdeckt – als er fliehen will, kracht er mit seinem Wuddi gegen ein Beis. Und als er wieder wach wird, liegt er gefesselt auf einer goldenen Platte – wo Goldfinger ihn mit einem Laser, der selbst Stahl durchburkt, mulo makeimen will. Doch in letzter Minute kann Bond Goldfinger verkasematuckeln, dass er für ihn lebend wertvoller als mulo ist.

Goldfinger lässt Bond daraufhin mit einem Luftwuddi in die USA bringen. Dabei lernt 007 auch Pussy Galore kennen – Goldfingers schuckere Pilotin. Bond wird auf Goldfingers Zossen-Beis gebracht, kann dort jedoch fliehen. Und muckert dann, was Goldfinger nun ausbaldowert hat: Er will die Goldreserven der USA mit einer schoflen Bombe radioaktiv vermasseln, so dass sein eigenes Gold dadurch hamel jackes wird. Die Hegels, die das Gold in Fort Knox bewachen, sollen von einem Luftwuddi aus mit Giftgas machulle gemacht werden.

Doch dann wechselt die Piloten-Pussy die Seiten, weil sie James Bond so jovel findet. Über Fort Knox wird nur ein bisschen Pani versprüht. Und Bond kann die schofle Bombe kurz vor der Explosion machulle machen. Der Countdown, wie sich der Sekundenzähler am Zünder schmust, bleibt bei null-null-söjen stehen …

Der Obermacker der USA will sich daraufhin bei Bond bedanken. Doch im Luftwuddi, das ihn ins Weiße Beis bringen soll, taucht plötzlich Goldfinger auf. Es kommt zum Kampf. Dabei geht das Flugzeug inne Machulle – und Goldfinger auch. James Bond und Pussy Galore können sich dagegen mit dem Fallschirm retten. Und während die Rettungsmannschaften lospäsen, um nach den beiden zu suchen, zieht sich Bond erst mal mit Pussy unter den Fallschirm zurück – und keiner kann dibbern, was die beiden da machen …

„Goldfinger“ *oder „James Bond 007 – Goldfinger“ ist der Titel des dritten von bislang insgesamt 24 James-Bond-Filmen. Er basiert auf dem gleichnamigen Roman von Ian Fleming. „Goldfinger“, der 1965 in den deutschen Kinos startete, gilt als der wohl bekannteste Bond-Film.*

Der Masselfreier

Hans hatte sieben Jennikes bei einem Fememakeimer malocht. Als er dann wieder nach Beis zurückkehren wollte, bekam er als Lohn statt Knete einen Goldklumpen – so schumm wie sein Schero. Hans bedankte sich und teilachte los.

Als er eine Weile geschemmt war, dibberte er einen Seeger auf einem Zossen. „Maschemau“, rakawelte Hans, „der hat es tofte und kommt tacko voran.“ Da bot ihm der Seeger an, sie könnten ja tauschen. Hans schuckte ihm das Gold und bewirchte den Zossen. Und fand es tofte, dass er den schweren Kaventsmann los war.

Hans wollte gleich tacko lospäsen, aber der Zossen warf ihn ab. Und der Zossen wäre wohl auch plete geböscht, wenn ihn nicht ein Knäbbel festgehalten hätte, der mit einer Pore unterwegs war. Maschemau, schmonselte Hans, das Reiten sei hamel gefährlich, vor allem mit einem Zossen. Eigentlich sei eine gemächliche Pore viel tofter, zumal die auch noch Milch zum Picheln liefere. Man könne ja tauschen, laberte der Kneis. Hans fand das tofte.

Als er mit der Pore weiterteilachte, knallte der Lorenz vom Himmel. Wegen der Chamine bekam Hans nach einer Weile hamel Brand und dachte, es sei nun an der Zeit, die Pore zu melken. Doch so sehr er auch malochte, es kam keine Milch. Stattdessen trat die Pore ihn mit dem Zomen vor den Schero, so dass er zu Boden ging. Zufällig kam ein Katzow vorbei, der in der Schubkarre ein Schassörken vor sich her schob. Er gab Hans erst mal seine Finne, damit er was picheln konnte, und rakawelte dann, die Pore sei schon tofel, die tauge nur noch zum Schlachten. Aber Porenbose sei viel zu trocken, laberte Hans, die Bose vom Schassörken sei viel saftiger. Der Katzow schlug vor, sie sollten die Beheime tauschen. Und Hans fand das tofte.

Als er eine Weile mit seinem Schassörken geschemmt war, traf er einen Seeger, der trug eine Ganti auf dem Arm. Und der schmuste Hans, mit dem Schassörken könnte es Brassel geben, gerade eben sei nämlich im Nachbarkaff einem Knäbbel ein Schassörken geschort worden. Und die Hachos aus dem Kaff seien jetzt losgepäst, um den Gannef zu chappen. Da bekam Hans hamel More. Aber der Seeger bot ihm an, das Schassörken gegen die Ganti zu tauschen. Hans fand das tofte.

Also scherbelte er tacko mit der Ganti weiter. Als er ins nächste Kaff kam, stand da ein Hegel mit einem Schleifstein, mit dem man Plotten und Scheren schärfen kann. Das sei eine tofte Maloche, rakawelte der. Ein Schleifer sei ein Seeger, der immer, wenn er in die Chatte packe, auch Penunzen darin finde. Dann fragte er: „Wo habt Ihr denn die schuckere Ganti her?“ Und so rakawelte Hans, wie er getauscht hatte – das Gold gegen den Zossen, den Zossen gegen die Pore, die Pore gegen das Schassörken, das Schassörken gegen die Ganti. „Ihr seid hamel mucker“, schmuste der Schleifer, „Ihr werdet auch noch eine Maloche finden, mit der man jederzeit Moos bewirchen kann.“ Wenig später tauschte Hans seine Ganti gegen einen Schleifstein und einen Backmann. Und er fand das hamel tofte.

Beim Weiterschemmen spürte Hans, dass er hamel Roof hatte. Und dass er ganz schön wullacken musste, um die schummen Steine zu schleppen. Da kam ihm ein Brunnen gerade recht. Er wollte etwas Pani pieren und legte die Backmänner auf den Brunnenrand. Doch dann stieß er aus Versehen gegen die Backmänner und sie plumpsten ins Pani. Da bölkte er laut: „Was bin ich doch für ein Masselfreier – endlich hat die Schlepperei ein Ende.“ Und von allen Lasten befreit, päste er tacko nach Beis.

*„**Hans im Glück**“ gehört zu den Märchen, die die Brüder Jacob und Wilhelm Grimm Anfang des 19. Jahrhunderts in ihrem Buch „Kinder- und Hausmärchen“ veröffentlichten.*

Das Hexenbeis

Ein Seeger und seine Kaline waren so klamm mit Lowi, dass sie für sich und ihre beiden Koten, Hänsel und Gretel, nicht genug zu frengeln hatten. Da schmuste die Alsche ihrem Seeger, man solle die Koten doch einfach im Wald aussetzen. Der Seeger wollte nicht, aber die Alsche schmuste ihn einen Stussmann und rakawelte: „Sonst müssen wir alle vier peigeln." Die beiden scherbelten also am nächsten Tag mit den Koten tief in den Wald. Dann machten sie irgendwo den Jack an und die Alsche rakawelte: „Wir schemmen jetzt los, um Holz zu suchen, wir holen euch später wieder ab." Und dann böschten sie plete.

Doch die beiden Koten waren mucker. Hänsel hatte gemuckert, was die Eltern vorhatten und mit kotenen Steinen eine Spur gelegt. So fanden die beiden den Weg zurück zum Beis.

Es dauerte nicht lange, da schob die Mischpoke schon wieder Roof und hatte kein Lowi, um Achile zu bicken. Da schmuste die Alsche dem Seeger, sie sollten es doch noch einmal versuchen, die Koten loszuwerden.

Diesmal hatte Hänsel keine Steine inne Chatte – nur eine Knirfte, die er in kotene Macken teilte, um eine Spur zu legen. Doch die Karo-Krümel wurden von Vögeln weggefrengelt. Die beiden Koten hegten keine Zerche, wo sie waren, und pästen im Wald herum.

Am dritten Tag dibberten Hänsel und Gretel eine Kabache, die ganz aus Knirften und Kuchen, Zimt und Zucker mänglowiert worden war. Die beiden achilten erst mal, stopften sich Macken vom Dach und von der Finete in die Gosche, denn sie hatten hamel Roof.

In der Kabache aber lebte eine tofle Alsche, die eine schofle Hexe war und die gerne Koten kochte und frengelte. Als sie muckerte, dass jemand an ihrer Kabache rumfummelte, rakawelte sie: „Knusper, knusper, kneischen, wer knuspert mir am Beischen?“ Hänsel und Gretel rakawelten, das sei der Wind …

Die Hexe muckerte jedoch, was ambach war und chappte die beiden. Gretel musste im Beis malochen, und den Hänsel steckte sie in einen Käfig. Sie wollte ihn mästen und anschließend verspachteln. Um zu prüfen, ob der Koten schon schumm genug war, befühlte die Alsche jeden Tag seine Feme. Weil sie jedoch nicht mehr richtig kneistern konnte, muckerte sie nicht, dass Hänsel ihr immer nur einen kotenen Knochen entgegenstreckte.

Schließlich wurde die Hexe jedoch ungeduldig und wollte Hänsel sofort braten. Sie rakawelte Gretel, sie solle mal dibbern, ob der Jack im Ofen schon groß genug sei. Doch Gretel schmonselte, sie habe keine Zerche, wie sie in den Ofen kommen solle. Also schemmte die Hexe selbst los. Und als sie den Schero in den Ofen steckte, um nach dem Jack zu knispeln – da gab Gretel ihr einen Schubs, schob die schofle Alsche hinein und machte die Klappe zu.

Weil sie nun keine More mehr haben mussten, dibberten die beiden Koten noch mal im Hexenbeis herum und fanden dort hamel viel Knete und Klunker. Davon packten sie einiges ein und machten sich dann auf den Weg zurück zum Elternbeis. Weil die Kaline inzwischen gepeigelt war, fanden sie dort nur noch den Seeger, der ihr Vater war. Und mit ihm lebten sie fortan jovel und mussten keinen Roof mehr schieben.

*„**Hänsel und Gretel**“ gehört zu den Märchen, die die Brüder Jacob und Wilhelm Grimm Anfang des 19. Jahrhunderts in ihrem Buch „Kinder- und Hausmärchen“ veröffentlichten.*

Verknallt in eine Nabbelschore

In der Casanova-Strehle in Paris haben sich Nabbelschoren und Luden jovel eingerichtet, die Masematten laufen tofte und die Mispel drückt beide Döppen zu – zumal sie offenbar auch ihren Teil am Reibach bewircht. Doch dann kommt Nestor, ein neuer Mispel-Macker, der von all dem keine Zerche hegt, in die Rotlicht-Bendine. Und Nestor dellt gleich hamel auffe Sahne: Er lässt erst mal alle Schechtanims mit einem schummen Wuddi ins Mispel-Beis bringen.

Es ist sein letzter Einsatz als Mispel-Macker. Denn zu den Freiern der Nabbelschoren gehört auch der Mispel-Obermacker der Bendine – und der verknickert Nestor tacko, dass er entlassen ist.

Nestor teilacht daraufhin in eine Kaschemme in der Casanova-Strehle, wo er sich nach dem Brassel erst mal beim Kower Moustache einen picheln will. Dort dibbert er auch Irma la Douce wieder, eine Nabbelschore, die immer mit grünen Strümpfen und einer kotenen weißen Töle herumscherbelt – und die so schucker ausroint, dass sich Nestor schon beim Mispel-Einsatz in sie verknallt hat.

Und dann kommt Nestors großer Auftritt: Als Irma von ihrem Luden schofel behandelt wird, wird Nestor hamel brastig und legt sich mit dem Macker an, obwohl der drei Nummern schummer ist als er selbst. Zwar kriegt er zunächst schwer einen auffe Schmiege – aber dann kann er den Macker mit etwas Massel sowie mit Hilfe einer Billard-Asse (die er ihm in die Gosche stopft) und einer schummen Kaschemmen-Funzel (die er ihm an den Schero ballert) mächtig vermackeln. Irma findet das tofte. Sie nimmt Nestor mit in ihre Kabache – er ist jetzt Irmas Lude.

Aber da gibt es ein Problem: Nestor ist hamel eifersüchtig und kann es nicht ab, wenn Irma mit anderen Freiern in die Poofe geht. Und so baldowert er gemeinsam mit Kower Moustache aus, wie er das Anim vonne Strehle kriegt. Nestor schlüpft in vornehme Kowe, legt sich einen Bart und eine Döppenklappe zu und mimt einen alten englischen Nobelseeger, der mit Irma nur labern und Patiencen legen will. Und er beschollt dafür so viel Knete, dass das Anim keine anderen Freier mehr braucht. Allerdings ist die Figine für Nestor hamel anstrengend, denn er muss in den Nächten auf dem Großmarkt schwer schanägeln, damit er die nötigen Penunzen bewircht.

Wegen der nächtlichen Maloche ist Nestor tagsüber ziemlich müde. Irma vermutet schon, dass er die Nächte mit anderen Kalinen verbringt. Als sie dann anfängt, mit dem englischen Nobelseeger zu techtelmechteln, wird Nestor brastig – und beschließt, die Verkleidungs-Figine zu beenden. Er schmeißt die Klamotten, die er für die Nobelseeger-Nummer brauchte, ins Pani. Als Irmas Ex-Lude das dibbert, päst er zur Mispel und schmust dort, Nestor habe den Seeger wohl mulo makeimt. So landet Nestor im Stillepenn.

Als Nestor im Knast erfährt, dass Irma pattisch ist, wird er fast kolone. Doch dann kann er mit Moustaches Hilfe aus dem Stillepenn ausbüxen. Er holt die Klamotten, die er ins Pani geschmissen hat, wieder raus und lässt den englischen Nobelseeger auferstehen. Nun kann die Mispel nicht mehr schmonseln, er habe den Seeger mulo makeimt. Und Nestor kann seine Irma rechtzeitig gasseln, bevor der Koten kommt.

***„Irma la Douce“** ist eine Filmkomödie, die 1963 unter der Regie von Billy Wilder entstand. Die Hauptrollen spielten Shirley MacLaine und Jack Lemmon.*

Wo die Schickeria schickert …

Baby Schimmerlos ist Reporter, also Artikel-Makeimer, bei einer Fleppe in München. Er mänglowiert gerade eine Serie über die Kaschemmen, wo die Schickeria, wie sich die Schicker-Mischpoke da schmust, pichelt und achilt. Und wo man gerne Kir royal piert. Das ist Nobelpani mit schwatten Johannisbeeren, für das man hamel Lowi beribbeln muss.

Mona, was seine Kaline ist, belabert ihn ständig, er solle mal dafür sorgen, dass er das Lowi, das er bei seiner Maloche in den Kaschemmen beschollt, von der Firma wiederbewircht. Schließlich müsse in der eigenen Kabache der Boden erneuert werden. Der Femematocher, der das makeimen soll, mache auch einen toften Preis – wenn er mal inne Fleppe komme. Schimmerlos schmust seiner Kaline, das könne er nicht machen. Doch im Fleppen-Beis kommen die nächsten Wünsche. Ein Bilder-Makeimer möchte seine Schickse, eine Sekretärin ihren Goschenschmarrer in Schimmerlos' Schickeria-Artikeln unterbringen. Schimmerlos wird brastig – und bölkt: „Laulone!"

Aber da ist noch einer: der Dickbalg Haffenloher, der seine Knete mit Klebe gemacht hat. Er versucht am Abend, Baby Schimmerlos zu finden, weil auch er unbedingt inne Fleppe will. Aber er sitzt in der falschen Kaschemme.

Schimmerlos schemmt an diesem Abend in eine Kaschemme, die sich Champs Elysées schmust, also wie die schumme Nobelstrehle in Paris. Der Kower bewircht hamel Muffensausen, als der Artikel-Makeimer bei ihm auftaucht, denn in seinem Beis ist an diesem Abend nix ambach. Also organisiert er tacko ein paar Lauschepper, die etwas Stimmung in die Kabache bringen sollen.

Irgendwann kommt auch der Dickbalg beim Champs Elysées an, dibbert durch die Fineten, dass dort auf den Tischen geschwoft wird, und will unbedingt mitschwofen. Aber er wird nicht reingelassen …

Hamel brastig teilacht er zu der Verlegerin, also der Schickse, der die ganz Fleppe gehört – und schmust ihr, er werde für viel Lowi Anzeigen aufgeben, wenn er in die Schimmerlos-Artikel komme. Daraufhin verknickert die Fleppen-Schickse Schimmerlos, er werde das Moos für seine teuren Kaschemmen-Besuche nur dann bewirchen, wenn er was über den Klebe-Seeger schreibe. Schimmerlos bleibt also nichts anderes übrig, als sich mit dem Dickbalg zu treffen. Und der verkasematuckelt ihm schließlich, er werde ihn mit seinem Schotter zuschonten, bis Schimmerlos tue, was er wolle.

Baby Schimmerlos ist nun so meschugge, dass er einknickt. Und schließlich bewirchen alle, was sie wollen. Der Kower, der Dickbalg, der Fememalocher und der Goschenschmarrer landen in der Fleppe, die Fleppen-Schickse bewircht die Anzeigen und Mona den Fußboden. Nur Schimmerlos ist brastig, weil er makeimt hat, was er eigentlich nicht wollte. So sitzt er am Ende vor der Kaschemme, quarzt, pichelt und grübelt.

__„Kir royal“__ ist eine sechsteilige Fernsehserie von Helmut Dietl aus dem Jahre 1986, in der es um das „Leben eines Klatschreporters“ geht. Der Masematte-Text beschäftigt sich nur mit der ersten Folge.

Der Seeger mit der schiefen Schmiege

Ein Obermacker, der sich König schmuste, der hatte einen Koten, also ein Anim, das war hamel schucker und rointe echt jovel aus. Aber die Ische war auch ziemlich zickig. Als der Obermacker einen Seeger suchte, den sie gasseln könnte, schmonselte sie immerzu „laulone". An jedem hatte sie was zu meckern. Der eine war ihr zu schumm, der andere zu dumm, ein dritter zu krumm. Ganz besonders aber beömmelte sie sich über einen König, der eine etwas schiefe Schmiege hatte. „Maschemau", schmonselte sie, „der hat ja eine Gosche wie ne Drossel." Und seitdem wurde der Seeger „König Drosselbart" geschmust.

Als der tofle König dibberte, dass sein Koten-Anim alle Freier nur verspottete, wurde er hamel brastig und verkasematuckelte der Ische, sie solle den ersten Mangeweeler gasseln, der an seinem Backs vorbeischemme.

Ein paar Tage später stand ein Schallermann vor der Tür, um zu mangeweelen. Der König ließ ihn holen und rakawelte: „Du hast so jovel geschallert, dass ich dir mein Koten-Anim als Kaline geben will." Die Ische wurde fast kolone, als sie den Seeger mit seiner schoflen Kowe sah. Aber der König blieb hart. Er ließ den Gallach holen, damit er die beiden vergasselte. Und anschließend verknickerte er dem Anim, als Mangeweeler-Schickse könne sie nicht mehr in seinem Nobel-Backs wohnen.

Also nahm der Mangeweeler das Anim anne Feme und schemmte mir ihr durch die Bendine. Unterwegs fragte die

Kaline immer mal wieder, wenn sie eine Wiese oder einen Wald, ein toftes Beis oder ein schuckeres Kaff dibberte, wem das denn wohl gehöre. Und immer wieder rakawelte der Seeger: „Was du da dibberst, weich und hart, das ist von König Drosselbart. Fast hätte es auch dir gehört, hätt'st du den Seeger einst erhört." Schließlich jammerte das Anim: „Ach wieviel Leid blieb' mir erspart, hätt' ich gegasselt Drosselbart!"

Schließlich kamen die beiden zu der alten schoflen Kabache, in der der Mangeweeler hauste. Als der Seeger rakawelte, sie solle mal für Jack sorgen und Achile machen, muckerte das Anim, dass sie von der Maloche im Beis keine Zerche hegte. Auch spinnen oder flechten konnte sie nicht. Schließlich schickte der Seeger das Anim aufn Schock, wo sie Pötte und andere Sore verscherbeln sollte. Aber dann päste ein beschickerter Husar mit seinem Zossen durch die Sore, so dass alles in Scherben zerfiel.

Schließlich schmonselte der Seeger ihr, sie tauge nicht für richtige Maloche. Deshalb sei er im Schloss des Königs gewesen und habe gefragt, ob die nicht ne Schickse für die Küche gebrauchen könnten. Da musste sie nun die schofelste Maloche machen – und bewirchte dafür die Reste von der Schloss-Achile.

Eine Weile später sollte in dem Nobel-Backs die Gasselei des ältesten Königs-Kotens gefeiert werden. Betrübt und neidisch kneisterte das Anim in den Saal, wo alle jovele Kowe trugen und wo leckere Achile auf den Tischen stand. Plötzlich schemmte der Königssohn an und wollte mit ihr schwofen. Sie wollte nicht, aber der Seeger zog sie in den Saal. Und da dibberte sie, dass es König Drosselbart war, den sie verschmäht hatte. Das Anim schämte sich und böschte plete. Aber ein Seeger chappte sie und zerrte sie zurück – und als sie ihn bedibberte, war es wieder König Drosselbart.

Schließlich schmuste er ihr, dass er einen auf Figine gemacht habe – denn er sei es gewesen, der mit ihr in der schoflen Kabache gehaust habe, und er sei es auch gewesen, der mit dem Zossen durch ihre Pötte gepäst sei. Das alles habe er mänglowiert, um ihr den Hochmut auszutreiben. Da fing die Kaline am Flennen an und rakawelte, sie habe Unrecht getan. Doch der Königssohn tröstete sie und schmuste, die schoflen Tage seien nun vorbei – „jetzt wollen wir gasseln und feiern". Massel-End.

***„König Drosselbart"** gehört zu den Märchen, die die Brüder Jacob und Wilhelm Grimm Anfang des 19. Jahrhunderts in ihrer berühmten Sammlung „Kinder- und Hausmärchen" veröffentlichten.*

Das Rakawelen-Romdi

Henry Higgins ist Zerchen-Seeger für Laberei und Rakawele. Als er eines Abends aus dem Figinenbeis kommt, steht da Eliza Doolittle – ein Romdi, das auffe Strehle Blumen verscherbelt. Und das eine so schofle Rakawele schiebt, dass Higgins nur den Schero schütteln kann und schmust: „Kann denn den Koten keiner verknickern, wie man labert?" Die Rakawele sei so wichtig für das, was man im Leben schaffe, schmonselt Higgins – viel wichtiger als die Herkunft. So könne selbst ein Blumen-Romdi wie Eliza eine anerkannte Kaline sein und einen toften Laden führen – wenn sie nur richtig rakawele.

Eliza muss das, was Higgins da gelabert hat, wohl hamel jovel gefunden haben. Jedenfalls dellt sie wenig später bei dem Zerchen-Seeger anne Tür und schmust ihm, sie wolle bei ihm Rakawelen-Unterricht nehmen. Higgins hält das für eine Schabau-Idee und will Eliza abwimmeln – aber dann schlägt sein Kumpel, Oberst Pickering, ihm eine Wette vor: Wenn Higgins es schaffe, aus dem Anim innerhalb von sechs Monaten eine Kaline zu machen, mit der man zum Diplomatenschwof schemmen könne, wolle er die Schose beschollen. Higgins ist einverstanden: Ömmes!

Eliza wird erst mal ins Pani gesteckt und gewaschen, dann bewircht sie neue Kowe und eine Kabache in Higgins' Beis. Und wenig später taucht auch schon Vater Doolittle auf, ein alter Schickermann und Laberkopp. Er kann sich nicht vorstellen, dass die beiden Seegers mit dem Anim nur rakawelen wollen – und möchte deshalb gerne an der Schose beteiligt werden. Mit Knete. Am Ende bewircht er nen englischen Heiermann, also eine Fünf-Pfund-Note.

Fortan muss Eliza von morgens bis abends Rakawele büffeln und Vokale schmonseln. Pauker Higgins ist streng und nicht besonders nett. Das macht Eliza hamel brastig. Doch dann muckert man erste Erfolge. Higgins und Pickering finden das jovel, man schwoft und feiert. Elisa schemmt wie im siebten Himmel durchs Beis und kann vor lauter Aufregung kaum poofen.

Nun wird es Zeit für einen ersten Test. Higgins teilacht mit Eliza zum Zossenpäsen nach Ascot, wo die gesamte Nobelmischpoke der Bendine rumscherbelt. Vorher hat er ihr eingebläut, was sie labern darf und was nicht. Eine Weile böscht alles tofte, aber als ihr Zossen am Päsen ist, kann sie die Gosche nicht mehr halten: „Päs tacko", bölkt sie, „oder ich streu dir Pfeffer in den Tokus."

Die feine Mischpoke ist baff und schüttelt den Schero, aber ein Seeger findet die Kaline gerade deswegen besonders jovel: Nobelschauter Freddy. Er schreibt Fleppen, bringt ihr Blumen und scherbelt vor ihrem Beis hin und her – in der Hoffnung, dass er sie da mal zu dibbern kriegt.

Dann kommt der große Tag, Higgins und Pickering teilachen mit Eliza zum Diplomatenschwof. Eliza ist der Mittelpunkt des Balls, alle bewundern das schuckere Anim und rätseln, wer denn die kurante Fremde sei. Und ein Zerchen-Seeger hält sie wegen ihrer toften Rakawele gar für eine ungarische Prinzessin.

Higgins und Pickering haben hamel Jontef und gratulieren sich gegenseitig. Keiner kümmert sich um das Anim, das für den Sieg malocht, gebüffelt und schanägelt hat. Eliza ist brastig und kriegt deshalb sogar Zoff mit Higgins, sie wirft ihm seine Masminen an den Schero – und böscht dann stikum plete.

Eliza schemmt noch einmal in die Bendine, wo sie bis vor einem halben Jahr gewohnt und gepooft hat. Aber da erkennt man sie gar nicht mehr. Eliza beschließt, Freddy zu gasseln und selbst Rakawele zu unterrichten.

Als Higgins das erfährt, ist er hamel brastig – und muckert, dass Eliza ihm fehlt. Er sei, so schmust er, gewöhnt an ihre Schmiege, an ihr Schallern und ihr Schemmen. Und offenbar muckert das umgekehrt auch Eliza, denn sie teilacht zu Higgins zurück. Das roint hamel nach Massel-End aus – aber ob die beiden wirklich gasseln, erfährt man nicht.

*„**My Fair Lady**" ist ein Musical von Frederick Loewe (Musik) und Alan J. Lerner (Text), das auf der Komödie „Pygmalion" von George Bernhard Shaw basiert. Die Uraufführung fand 1956 statt. 1964 folgte der Film mit Audrey Hepburn und Rex Harrison in den Hauptrollen.*

Der Seeger mit der Zementsack-Kaline

Otto wächst in einem kotenen Kaff in Ostfriesland auf. Doch eines Tages möchte er raus aus der Bendine und päst nach Hamburg, um seinen Massel zu machen. Dort trifft er einen Balachesen-Boofken, bei dem er 5000 Mark auf Malme macht, um eine Firma zu gründen. Leider dibbert er nicht, was im Kleingedruckten steht. Denn der Seeger hat ihm geschmust, dass man das nicht lesen sollte, weil das schofel für die Döppen sei …

Mit einem alten Wuddi und einer Kabache unterm Dach startet Otto seine Firma, die Hilfe ausbaldowert, wenn einer irgendwo Malessen hat – also was sich anderswo auch Unternehmensberatung schmust. Sein erster Kunde ist ein Seeger, der Springböcke in Afrika gebickt hat – nun aber More hat, dass die Viecher über den Zaun päsen. Otto hat schnell was ausklamüsert: Die Böcke sollen mit Zement-Pötten vor großen Sprüngen bewahrt werden. Also kneistert Otto mal, wo Speismakeimer und Lapanenmalocher zugange sind, damit er Zement hügen kann.

Allerdings scherbelt zur gleichen Zeit Dickbalg Ernesto mit seiner Kaline Silvia zu der Baustelle, um sich sein neues Beis zu bedibbern. Dabei fällt Silvia vom Gerüst. Otto fängt sie auf, weil er sie zunächst für einen Zementsack hält. Aber als er muckert, dass es sich um ein Anim handelt, böscht er tacko plete, weil er More hat, dass er beim Schoren erwischt worden ist.

Wieder in seiner Kabache angekommen, wartet schon neuer Brast: Der Balachesen-Boofke will seine Penunzen zurück – insgesamt 9876 Mark, wie er Otto mit Hinweis auf das Kleingedruckte verknickert.

Otto hegt die Knete natürlich nicht. Aber er hat gleich mehrfach Gelegenheit, die Penunzen zu bewirchen. Doch er schafft es nicht, weil sich immer wieder andere Malessen auftun. Hinzu kommt, dass er sich inzwischen in Silvia – übrigens eine Kaline aus dem Nobel-Beis von Kohlen und Reibach – verknallt hat und vor ihr nicht als Gannef dastehen möchte. Als auch noch seine Liebesrakawele für Silvia voll in die Plinte geht, pichelt er zusammen mit einem Penner die Schawele Wein, die er für die Rettung der Kaline auf der Baustelle bewircht hat – und hegt keine Zerche, dass die Finne genau 9876 Mark wert war, also genauso viel wie er auffe Malme hat.

Otto beschließt trotz allem, dass er mit Silvia ein neues und tofteres Leben beginnen will. Als er die Kaline sucht, gerät er jedoch erst mal in ein Balachesen-Beis, das gerade überfallen wird. Anschließend findet er Silvia und ihre Mutter beim Kapper und erfährt dort, dass die beiden gemeinsam mit dem Dickbalg Ernesto nach Brasilien fliegen wollen.

Otto schmuggelt sich stikum an Bord des Luftwuddis – und dibbert dort die beiden Boofken, die zuvor das Balachesen-Beis überfallen haben. Als er die Mispel informiert, kapern die beiden Boofken das Luftwuddi. Otto kann sie jedoch überwältigen und übernimmt selbst das Kabuff, das sich Cockpit schmust. Leider geht die Landung voll in die Plinte, weil Otto dafür ausgerechnet einen Luftwudditräger ausbaldowert hat. Wenig später dümpelt er mit einer Schontebeis-Brille um den Hals auf dem großen Pani …

Doch schließlich können sich die Überlebenden auf eine Insel retten, wo Otto und Silvia endlich ihr Techtelmechtel vollenden können.

„Otto – der Film“ *ist eine Komödie aus dem Jahr 1985 mit Otto Waalkes in der Hauptrolle, die Regie führten Xaver Schwarzenberger und Otto Waalkes. Er gilt als der erfolgreichste deutsche Film seit Beginn der Zuschauerzahlen-Statistik im Jahre 1968.*

Wenn der Seeger inne Rente schemmt …

Auffe Maloche ham'se Heinrich Lohse aussortiert und inne Rente bugsiert – nachdem er wegen etwas, was sich Mengenrabatt schmust, ne ganze Wuddiladung Papier und Radiergummis gebickt hat. Die, wie er selbst ausbaldowert hat, für die nächsten 40 Jennikes reichen würde. Und nun sitzt er in seinem Beis, steht seiner Kaline Renate auffe Mauken – und will ihr mal zeigen, wie man den Haushalt mänglowiert.

Das gibt hamel Brast, weil er keine Zerche hegt, aber immer den Obermacker mit Kenne mimt. So will er dem Putzanim zeigen, wie man die Firchen macht, schmeißt aber erst mal die Oberbetten ausse Finete. Beim Einkaufen schemmt er in den Laden und labert „Mein Name ist Lohse, ich will hier bicken", so dass die andern Kunden schmergelnd den Schero schütteln. Und dann will er wieder Reibach machen per Großeinkauf, indem er eine ganze Palette Senf kindigt.

Später teilacht er mit Renate in einen Kowenladen, fummelt sich durch die Klamotten und schmust „Warum ziehst du nicht mal schwatte Bräseplinten an?" – labert aber leider einen Fremden an, weil er nicht gemuckert hat, dass Renate schon weiter geschemmt ist …

Zwischendurch belabert er auch mal seinen Koten Dieter. Erst versucht er ihn für einen alten Kaftan zu begeistern, den er vor der Altkowensammlung bewahrt hat: „In dem Kaftan habe ich deine Mutter kennengelernt." Und weil Dieter immer mal wieder mit neuen Anims auftaucht, will er mit ihm auch über Ischen reden und schmust ihm: „Kalinen haben auch was Toftes."

Nicht nur Dieter ist genervt. Der Keilof hat keinen Bock, mit Heinrich durch die Bendine zu teilachen. Und seine Kaline Renate ist bald so kolone, dasse sich selbst ne Maloche sucht. Sie findet sie bei einem Seeger, der Schokoriegel mänglowiert – aber wohl mehr ein Techtelmechtel als eine Malocherin sucht.

Als Heinrich muckert, dass es Stoof in seiner Ehe gibt, labert er mit seinem Kumpel Kurt darüber. Der malocht inne Werbebranche und rät Heinrich, sein Beis für eine Kneisterkasten-Sendung zur Verfügung zu stellen. Das, so schmust er ihm, werde seine Ehe-Kaline Renate bestimmt hamel tofte finden. Aber die geplante Überraschung geht voll in die Bosse. Denn die TV-Seegers stellen das Beis komplett auf den Schero, in Lohses Kabachen herrscht Chaos. Renate ist oberbrastig und hegt hamel Rochus. Um überhaupt miteinander labern zu können, gibt's für die beiden nur einen Ort im Beis: Sie müssen sich aufm Schont einschließen.

Tja, und dann ist da noch die Fete auffe Seebrücke. Omma wird 80 und die ganze Mischpoke ist eingeladen. Im Tralli labern Heinrich und Renate wegen der Kneisterkasten-Randale nicht miteinander – Koten Dieter muss als Dolmetscher malochen. Während die beiden also noch hamel Stoof haben, sitzen Renates Schwester Hedwig und ihr Macker Hellmuth ihnen gegenüber und machen einen auf heile Welt: „Du Tofter", schmust sie. Heinrich und Renate verdrehen die Döppen. Aber nicht alle bei Ommas Geburtstagsfete auffe Seebrücke finden sich gegenseitig so tofte. So fragt Opa Hoppenstedt eine Kowerin: „Gehörst du auch zur Mischpoke?" Die antwortet. „Laulone!" Und Opa Hoppenstedt schmergelt: „Massel gehabt!"

Irgendwann kriegen sich auch Hedwig und Hellmuth anne Köppe. Was Heinrich und Renate hamel Jontef macht. Plötzlich labern die beiden wieder miteinander. Und beschließen, künftig mal zusammen was Sinnvolles zu machen. Später dibbert man sie beim gemeinsamen Spiel auf der Blockflöte …

„Pappa ante portas" *ist ein Film von und mit Vicco von Bülow alias Loriot aus dem Jahre 1991. Loriot führte in dieser Komödie nicht nur Regie, er spielt auch die Hauptrolle des Heinrich Lohse und ist darüber hinaus in einigen Nebenrollen zu sehen.*

Warum ziehst du nicht mal
schwatte Bräseplinten an?

Ein Koten mit viel Schmackes

Pippi Langstrumpf ist ein Anim, wo schon so mancher überlegen würde, ob er das als Koten im Beis haben möchte: Die Ische zählt neun Jennikes, hat eine hamel große Gosche und ist frech wie ein Strehlen-Keilof, sie hat das Ponum voller Sommersprossen, trägt selbstgenähte Kowe, lange Strümpfe, viel zu große Masminen und Zöpfe, die wie zwei Antennen vom Schero abstehen.

Aber Pippi hat keinen Zoff mit ihren Eltern. Wie denn auch: Die Mutter ist schon gepeigelt. Und der Vater ist in die Südsee gepäst, wo er auf einer Insel den Obermacker mimt.

Deshalb lebt Pippi allein in einem bunten Beis, das sich Villa Kunterbunt schmust. Sie pooft dort allerdings nicht ganz allein. Denn in der Kunterbunt-Kabache haust auch ein Zossen, den sie Kleiner Onkel schmust. Und ein Affe, der sich Herr Nilsson schmust, einen Obermann aus Stroh trägt – und den schon mal abnimmt, wenn er irgendwelche Kalinen oder Seegers begrüßt.

Pippi kommt tofte ohne Eltern klar, denn sie hat hamel viel Schmackes. Wenn es sein muss, stemmt sie einen Zossen locker in die Luft. Und das muss öfter sein. Denn Kleiner Onkel haust auf der Veranda – und wenn Pippi dort mit ihren Freunden Annika und Tommy Schokelamei schasken will, dann hebt sie ihn mal eben übers Geländer in den Garten.

Schmackes zeigt Pippi auch bei anderen Gelegenheiten. Als sie dibbert, wie fünf große Jungs einen kleinen Koten vermackeln wollen, hängt sie die Strigos kurzerhand in einen

Baum. Im Zirkus legt sie den stärksten Macker der Welt gleich kimmel Mal aufs Kreuz. Und bewircht dafür 100 Kronen – denn die hatte der Obermacker dem versprochen, der gegen den schummen Schauter nicht verkimmelt.

Auch zwei Gannefs bekommen Pippis Muckis zu spüren. Die Schorbrüder hatten gedibbert, wie Pippi ihre goldenen Heiermänner zählte, und dachten, es wäre hamel einfach, dem Koten die Penunzen zu lellen. Aber dann setzt Pippi die beiden Seegers mal kurz oben aufn Schapp. Und später müssen sie solange schwofen, bis sie müde Mauken haben …

Pippi kommt auch tofte ohne Penne klar. Aber etwas findet sie doch hamel schofel – nämlich, dass sie keine Ferien bewircht. Und weil sie die unbedingt mal haben will, schemmt sie eines Tages doch zur Penne – das heißt, sie päst mit ihrem Zossen Kleiner Onkel auf den Schulhof. Doch was die Paukerin dann alles fragt und rakawelt, macht Pippi nicht wirklich Jontef. Und deshalb ist sie froh, als die Kaline ihr am Ende schmust, dass Koten, die sich so wie Pippi benehmen, leider nicht in die Schule schemmen dürfen. Schule, so rakawelt Pippi daraufhin, sollte so sein wie in Argentinien: Da sind fast immer Ferien, Schulmalochen sind verboten, es gibt keine Fleppen – und die Pauker wickeln die Bonbons aus, die die Kinder dann frengeln dürfen …

„Pippi Langstrumpf" *ist die Haupt- und Titelfigur einer dreibändigen Kinderbuch-Reihe der schwedischen Autorin Astrid Lindgren, die ab 1945 erschien und später in mehr als 70 Sprachen übersetzt wurde.*

Heuschrecke trifft Nabbelschore

Edward Lewis ist ein Seeger, der hamel Lowi gemacht hat, indem er Firmen bickt und dann ganz oder mackenweise wieder mit hamel Reibach verscherbelt. Seegers, die mit sowas mänglowieren, schmust man auch gerne Heuschrecken.

Nun päst Edward, dem seine Kaline gerade plete geböscht ist, mit dem schummen Wuddi eines Kumpels durch Hollywood und sucht das Poofbeis, in dem er eine Nobel-Kabache gemietet hat. Weil er normalerweise immer mit einem Hegel unterwegs ist, der den Wuddi steuert, verfährt er sich prompt – und muss eine Kaline nach dem Weg fragen. Dabei gerät er an Vivian Ward. Die ist Nabbelschore – und dibbert in Edward einen Freier mit viel Lowi. Also steigt sie in den Wuddi, um ihm für ein paar Dollars den Weg zu zeigen. Und weil Edward gerade Single ist, wie sich das heutzutage schmust, nimmt er die Schickse mit in sein Hotel-Kabuff.

Was dann passiert ist, muss Edward wohl hamel jovel gefunden haben, jedenfalls schmust er Vivian am anderen Morgen, er wolle ihr für eine Woche einen Job geben – als Begleiterin. Vivian roint zwar schucker aus und ist nicht auf die Gosche gefallen, aber sie hegt keine Zerche, wie man sich in der Nobel-Mischpoke von Hollywood benimmt und wie man beispielsweise in einer Achilkabache Weinbergschnecken frengelt. Außerdem fehlt ihr die passende Kowe – sie kann ja nicht in dem Fummel, mit dem sie auffe Strehle Freier angelabert hat, in San Francisco inne Schallerfigine scherbeln. Also gibt ihr der Poofbeis-Obermacker ein paar Tacko-Tipps in Nobel-Benimm. Und Edward schemmt mit ihr Klamotten kindigen.

Vivian ist ziemlich baff und kneistert mit großen Döppen eine Welt, in der Knete keine Rolle spielt. Auch Edward bedibbert die Knete plötzlich mit ganz anderen Döppen – und fragt sich, ob er wirklich weiter als Heuschrecke malochen will. Zugleich nimmt das Techtelmechtel zwischen den beiden Fahrt auf.

Edward beschließt daraufhin, die Firma, die er gerade bicken will, nicht zu zermackeln, sondern wieder auffe Zomen zu stellen. Doch darüber ist sein Kumpel Phil hamel brastig, weil er auf den Reibach und die Moneten nicht verzichten will. Er hat so einen Rochus, dass er versucht, sich an Vivian ranzumachen. Als die ihn zurückweist, geht er ihr anne Kowe. Und es wäre wohl Schofeleres passiert, wenn Edward nicht in letzter Minute aufgetaucht wäre und Phil aus der Poofbeis-Kabache geworfen hätte.

Edward bietet Vivian daraufhin an, er wolle sie dafür beschollen, wenn sie weiterhin seine Kaline bleibe. Aber das findet Vivian, die sich inzwischen wohl in den Seeger verknallt hat, hamel mies. Sie schmonselt „laulone!" – und macht dann die Biege.

Als sie plete ist, muckert Edward, dass ihm was fehlt – und dass Vivian viel zu jovel ist, um sie schemmen zu lassen. Mit Hilfe des Poofbeis-Obermackers findet er die Kaline wieder. Und dann kommt das, was sich neudeutsch Happy End schmust.

„Pretty woman" *ist eine amerikanische Liebeskomödie aus dem Jahre 1990. In dem Film (Regie: Gary Marshall) spielen Julia Roberts und Richard Gere die Hauptrollen.*

Rotdohlinchen

Es war einmal ein kotenes Anim, das böschte immer mittem roten Dohling durch de Bendine. Deshalb laberten alle Hegels und Kalinen es als „Rotdohlinchen“ an.

Eines Tages schmuste die Mama von dem Anim: „Los schemm mal zu Omma. Schuck ihr was zum Achilen und was zum Picheln. Aber sei mucker und scherbel nich vonne Strehle runter.“

Rotdohlinchen teilachte los. Plötzlich böschte ein schofler Keilof ausm Gebüsch. „Maschemau, Rotdohlinchen“, schmuste er, „wo willste denn hinschemmen?“ Rotdohlinchen rakawelte vonne Omma, dasse ihr was zu frengeln und zu schickern schucken wollte.

Der Keilof schmergelte sich einen und laberte für sich: „Da musse was Jovles ausbaldowern, dasse die Tölen beide verspachteln kannz.“ Und deshalb schmuste er der kotenen Kaline: „Roin doch mal die toften Blumen, willze nich ein Sträußken für deine Omma bewirchen?“ Rotdohlinchen fand das jovel und latschte los: Blumen ausbaldowern.

Der schofle Keilof aber tigerte tacko zum Beis von der Omma und dellte anne Tür. „Die Tür is auf“, schmonselte die Alsche. Der Keilof schemmte rein, böschte zur Poofe und verspachtelte die Kaline. Dann zog der alte Figinenköster ihre Kowe an, haute sich inne Firche und mimte einen auf Omma.

Als Rotdohlinchen das Beis dibberte, muckerte sie tacko, dass die Tür auf war. Sie schemmte in das Backs, teilachte zur

Poofe und fand, dass ihre Omma hamel meschugge ausse Klamotten rointe.

Rotdohlinchen schmuste: „Was hasse denn so schumme Lauscher?“ – „Damit ich dich joveler hören kann!“

„Was hasse denn für große Döppen?“ – „Damit ich dich joveler dibbern kann!“

„Was hasse denn für eine schofel große Gosche?“ – „Damit ich dich joveler verspachteln kann!“

Und kaum hatte der Keilof das gelabert, da böschte er ausse Firche und frengelte auch den Koten mit dem roten Obermann.

Dann haute sich der Keilof wieder inne Firche und poofte. Es dauerte nicht lange, da teilachte die Mispel an dem Beis vorbei. Der Seeger dachte: „Was schnarcht die Omma so hamel – sollze doch mal nach ihr kneistern.“

Er schemmte in das Backs – und dibberte, wie der Keilof inne Firche am Ratzen war. Er wollte gerade seinen Püster ziehen, da muckerte er, dass der Koten und die Alsche vielleicht noch nicht mulo und noch zu retten wären. Also nahm er seine Plotte inne Feme und burkte dem Keilof die Wampe auf. Omma und Rotdohlinchen böschten tacko raus. Dann stopften sie dem Keilof die Plautze mit Steine voll und nähten sie wieder zu.

Als der schofle Keilof ausgepooft hatte, hatte er hamel Brand. Er wollte zum Brunnen teilachen – aber da fiel er mulo um.

Rotdohlinchen aber lebte weiter. Und wenn sie nicht mulo ist, dann schemmt sie noch heute mit dem roten Obermann durch die Bendine …

„Rotkäppchen“ *gehört zu den Märchen, die die Brüder Jacob und Wilhelm Grimm Anfang des 19. Jahrhunderts in ihrer Sammlung „Kinder- und Hausmärchen“ veröffentlichten.*

Rumpelstilzchen

Der schofle Seegerling

Es war einmal ein Müller, der war klamm mit Lowi, aber er hatte ein kurantes Anim als Koten. Und als er eines Tages den Obermacker der Bendine, den König, traf, da strunzte er, sein Koten könne Stroh zu Gold spinnen. Das fand der König hamel jovel und er rakawelte dem Müller, er solle am nächsten Tag mit dem Anim in sein Schloss kommen. Dort führte er die Kaline in eine Kabache voller Stroh und schmuste ihr, sie solle daraus bis zum Morgen Gold mänglowieren – sonst müsse sie peigeln.

Als die Ische allein in der Kammer saß, bewirchte sie hamel Muffensausen, denn sie hegte natürlich keine Zerche, wie sie aus dem Stroh Gold makeimen sollte. Aber da erschien ein kotener Seegerling und schmonselte, er könne das Gold wohl spinnen – „aber was bewirche ich dafür?" Das Anim versprach ihm sein Halsband. Und so machte sich der Seegerling an die Maloche, und wenig später war die ganze Kabache voller Gold.

Als der König das am anderen Morgen dibberte, hatte er hamel Jontef – und wollte noch mehr. Deshalb führte er das Anim in eine noch größere Kabache mit noch mehr Stroh und verknickerte ihm, daraus müsse es auch noch Gold makeimen. Als das Anim allein in der Kabache saß und flennte, kam wieder der kotene Seegerling angeschemmt. Diesmal gab das Anim ihm seinen Bassel.

Aber der König hatte noch immer nicht genug. Und deshalb schmuste er der Ische, sie müsse noch eine dritte, noch größere Kabache voller Stroh in Gold mänglowieren – wenn sie das schaffe, werde er sie gasseln und sie könne sich Königin schmusen. Auch diesmal kam wieder der kotene Seegerling. Aber die Kaline hatte nichts mehr, was sie ihm schucken konnte. Da rakawelte der Seegerling: „Wenn du Königin bist, sollst du mir deinen ersten Koten geben." Und die Kaline in ihrer Not schmuste „ja".

Der König freute sich über das viele Gold und gasselte tatsächlich das Müllersanim. Die kurante Kaline wurde Königin und bewirchte bald einen schuckeren Koten. Den Seegerling, der das ganze Gold mänglowiert hatte, hatte sie längst vergessen, aber eines Tages stand er vor ihr – und verlangte seinen Reibach: den Koten. Die Königin bot ihm Klunker und Knete an. Aber der Seegerling bestand auf dem Koten. Als die Königin wieder am Plannigen und am Flennen anfing, rakawelte er, er gebe ihr drei Tage Zeit – „wennze dann schmonseln kannst, wie ich heiße, dann kannze deinen Koten behalten".

Die Königin zermarterte sich den Schero, wie sich der Seegerling wohl schmusen könnte. Außerdem schickte sie Boten aus, um Namen zu sammeln. Als der Seegerling am anderen Tag wieder auftauchte, rakawelte sie alle möglichen Namen von Adalbert bis Zorro. Aber der Seegerling laberte immer nur: „So heiß ich nicht." Am zweiten Tag schmuste sie ihm ungewöhnliche Namen von Assemacker bis Zossenschauter. Aber der Seegerling schmergelte nur: „So heiß ich nicht."

Am dritten Tag kam einer ihrer Boten zurück und rakawelte, er habe keine neuen Namen mehr ausbaldowern können. Aber irgendwo in der Bendine, da habe er eine kleine Kabache gedibbert und vor der Kabache habe der Jack gelodert und um den Jack habe ein kotener Hegel gehüpft und immerzu geschallert:

„Heute schwof ich auf den Pfoten,
morgen hol ich mir den Koten,
tofte nur, dass keiner weiß,
dass ich Rumpelstilzchen heiß."

Als der kotene Seegerling am nächsten Tag wieder anschemmte, rakawelte die Königin: „Heißt du Kunz?“ „Laulone!“ „Heißt du Heinz?“ „Laulone!“ „Schmust du dich etwa Rumpelstilzchen?“

Da bölkte der schofle Seegerling: „Das hat dir der Teufel geschmonselt!“ Er stampfte mit dem einen Mauken vor lauter Rochus so feste auf, dass er bis an den Balg im Boden versank, packte dann mit Schmackes den anderen Mauken und riss sich selbst in bes Stücke. Und dann hatte er ausgerumpelt …

„Rumpelstilzchen“ *gehört zu den Märchen, die die Brüder Jacob und Wilhelm Grimm Anfang des 19. Jahrhunderts in ihrem Buch „Kinder- und Hausmärchen“ veröffentlichten.*

Wer ist die schuckerste Kaline?

Weiß wie Schnee, rot wie Mailach und schwarz wie Ebenholz – so wünschte sich die Königin ihren Koten. Und der Wunsch ging in Erfüllung. Als sie ein kotenes Anim bekam, hatte es helle Haut, rote Wangen im Ponum und schwarze Haare aufm Schero. Und sie schmusten den Koten Schneewittchen.

Leider peigelte die Mutter bei der Geburt des Kotens und der König nahm sich eine neue Kaline. Die rointe zwar hamel schucker aus, war aber schofel und eitel. Und konnte nicht ab, dass eine andere Schickse kuranter war als sie selbst. Nun hegte die Kaline einen wundersamen Spiegel, der auch rakawelen konnte. Und den fragte sie immer wieder: „Wer ist in der Bendine die schuckerste Kaline?" Und der schmuste ihr stets, dass sie die Schuckerste sei.

Doch als Schneewittchen älter wurde, rakawelte der Spiegel eines Tages, Schneewittchen sei tausendmal schuckerer als sie. Da wurde die Alsche hamel brastig. Sie baldowerte einen Jäger aus, dem sie den Auftrag gab, er solle den Koten mit in den Wald nehmen und dort mulo makeimen – und ihr als Beweis Lunge und Leber bringen. Doch als das kurante Anim im Wald am Flennen anfing, ließ der Jäger es laufen. Und schuckte der Königin stattdessen Leber und Lunge von einem Schassörken.

Als Schneewittchen ganz alleine durch den Wald teilachte und keine Zerche hegte, was sie machen sollte, dibberte sie plötzlich eine kotene Kabache. Als sie durch die Fineten kneisterte, knispelte sie einen Tisch, der für söjen Seegers gedeckt war. Schneewittchen schemmte rein, achilte und pichelte erst mal und legte sich dann in eine von den söjen Poofen.

Als es dunkel geworden war, kamen die Seegers, denen die Kabache gehörte, vonne Maloche zurück. Es waren söjen kotene Seegerlinge, die sich Zwerge schmusten. Als sie die Funzel anmachten, wunderten sie sich und rakawelten: Wer hat von meinem Tellerchen gefrengelt? Wer hat aus meinem Becherchen gepichelt? Wer hat mit meiner Plotte geburkt? Und dann dibberten sie das poofende Schneewittchen. Am anderen Tag rakawelte Schneewittchen, was passiert war, und die Seegerlinge schmusten ihr, sie könne bleiben, wenn sie ein bisschen im Beis maloche.

Als die schofle Königin mal wieder ihren Spiegel befragte, schmuste der: „Kaline Königin, Ihr seid die Schuckerste hier, aber Schneewittchen bei den söjen Seegerlingen ist tausendmal schuckerer als Ihr."

Da muckerte die Königin, dass der Jäger sie gelinkt hatte, und sie teilachte los, um die Sache mit Schneewittchen selbst in die Feme zu nehmen. Und obwohl die kotenen Seegerlinge Schneewittchen geschmonselt hatten, sie müsse vorsichtig sein und dürfe keinen ins Beis lassen, ließ das Anim sich linken.

Zweimal konnten die Seegerlinge Schneewittchen retten. Aber die Königin kam noch ein drittes Mal. Diesmal hatte sie sich als Knäbbelanim verkleidet und rakawelte, sie wolle Äpfel verscherbeln. Als das Anim schmuste, sie wolle und dürfe nix bicken, schmergelte die Königin, dann wolle sie ihr einen Apfel schenken. Sie nahm einen, burkte ihn in bes Teile, frengelte die eine Hälfte selbst und gab Schneewittchen die andere Hälfte. Aber die war vergiftet.

Als die Seegerlinge nach Beis kamen, lag Schneewittchen mulo da. Und was sie auch ausklamüserten – diesmal konnten sie das Anim nicht retten. Doch sie mochten es nicht beerdigen. Weil es so schucker ausrointe, legten sie das Anim in einen gläsernen Sarg und stellten ihn auf den Berg.

Eines Tages teilachte ein Königssohn mit seinem Zossen durch die Bendine und dibberte den Sarg mit dem toten Schneewittchen. Er fand das Anim hamel schucker. Und deshalb fragte er die Seegerlinge, ob er den Sarg mitnehmen dürfe. Die rakawelten erst „laulone“ – aber als der Königssohn ihnen schmuste, er könne nicht mehr leben ohne Schneewittchen zu dibbern, rakawelten sie „ömmes“.

Die Hegels des Königs sollten den Sarg in sein Nobelbacks tragen, aber dabei stolperten sie und Schneewittchen fiel die vergiftete Apfelmacke aus der Gosche. Sie wurde wach und laberte „Was ist ambach?“ Der Königssohn verknickerte ihr alles und schmuste ihr dann, er wolle sie gasseln und mit auf sein Nobelbacks nehmen.

Die Gasselei wurde groß gefeiert. Dazu war auch die schofele Königin eingeladen. Und als sie ihre tollste Kowe angezogen hatte, schemmte sie mal wieder zu ihrem labernden Spiegel. Und der schmuste: „Ihr seid die Schuckerste hier, aber die neue Königin ist tausendmal schuckerer als Ihr.“

Da wurde die Schickse hamel brastig, aber sie war zu neugierig und wollte die junge Königin trotzdem dibbern. Als sie auf dem Fest Schneewittchen kneisterte, konnte sie sich vor Schreck nicht rühren. Aber da waren schon eiserne Masminen überm Jack erhitzt worden, und sie musste darin schwofen, bis sie mulo umfiel.

***„Schneewittchen“** gehört zu den Märchen, die die Brüder Jacob und Wilhelm Grimm Anfang des 19. Jahrhunderts in ihrem Buch „Kinder- und Hausmärchen“ veröffentlichten.*

Wer ist die schuckerste Kaline in der Bendine?

Koten mit Urwaldschero

Heinrich Hoffmann war ein Frankfurter Schmarrer und Seelenlöti. Als er einmal ein Bilderbuch für seinen Koten bicken wollte, aber kein toftes fand, beschloss er, selber eine Kotenfleppe auszubaldowern. Er schmuste die Fleppe „Struwwelpeter". Der Struwwelpeter roint aus wie ein Seeger mit Krakenfemen und Urwaldschero. Und seine Geschichte hört sich etwa so an:

Dibber mal, hier steht er,
ömmes, Struwwelpeter!
An den beiden Femen
– sollte sich was schämen! –
Nägel wachsen schon ein Jahr.
Gleiches gilt auch für das Haar.
Pfui, schmust da ein jeder,
schofler Struwwelpeter.

Neben dem Struwwelpeter dibbert man in der Fleppe aber auch Geschichten über etliche andere Koten. Beispielsweise die Geschichte von Paulinchen und dem Feuerzeug:

Paulinchen war allein im Beis
und machte mit dem Jack mal Scheiß:
Sie spielte mit dem Feuerzeug.
Die Matschkas bölkten: Rettet euch!
Doch nahm das Unglück seinen Lauf,
der Jack fraß einfach alles auf,
zuerst die Kowe, dann das Haar
– bis das Anim nur Asche war.

Oder die Geschichte von Hans Kneister-in-die-Luft:

Wenn der Hans zur Penne schemmt,
kneistert er zum Firmament.
Vor die eig'nen Mauken dicht,
dibberte der Koten nicht.
Einst schemmt' er am Pani lang,
wo er seine Chatte schwang,
schaute nach den Vögelein
– und fiel prompt ins Pani rein.
Und die Fische, glatt und nass,
schmergelten vor lauter Spaß.

Oder die Geschichte von Konrad, dem Daumenlutscher:

„Konrad", schmuste das Anim,
„Ich schemm aus, und du bleibst drin.
Mach' kein Tinnef und sei fromm,
bis nach Beis ich wiederkomm'.
Tu die Feme nicht ins Mui,
Daumenlutschen, das ist pfui.
Wenn du das nicht endlich lässt,
kommt der Schneider angepäst,
mit der Plotte, schnipp und schnapp,
burkt er dir die Daumen ab."
Doch kaum war die Alsche raus,
hielt er wieder Daumenschmaus.
Und so kam, was kommen musst':
Konrad bölkte wie bestusst,
doch der Schneider burkte los
– Konrad war die Daumen los.

***„Struwwelpeter"** ist ein Kinderbuch, das der Frankfurter Arzt und Psychiater Dr. Heinrich Hoffmann im Jahre 1844 verfasst hat. Es gehört zu den erfolgreichsten deutschen Kinderbüchern.*

Tarzan

Als Koten bei den Affen

Weil es auf der Pünte, mit der sie übers große Pani pästen, Randale und Meuterei gab, wurden ein englischer Nobelseeger und seine Kaline irgendwo im afrikanischen Dschungel ausgesetzt. Sie bauten sich in der wilden Bendine eine kleine Kabache. Und weil die Kaline schon pattisch war, bekam sie dort einen Koten: Tarzan.

Die Mischpoke hatte hamel Brassel. Erst peigelte die Mutter, dann wurde der Vater von schummen Affen machulle makeimt. Tarzan, gerade mal ein Jahr alt, war plötzlich ganz allein im Dschungel. Aber der Koten hatte Massel: Eine Affenmischpoke nahm ihn auf, vor allem die Affentöle Kala kümmerte sich jovel um Tarzan – wohl auch, weil ihr eigener Koten kurz zuvor gepeigelt war.

Tarzan wuchs also unter Affen auf, wenn auch nicht so tacko wie die. Aber schon als Koten hatte er hamel Schmackes und viele Muckis. Als er zehn Jennikes war, dibberte er zum ersten Mal in einem Pani sein Spiegelbild – und war ganz schön baff, weil er so ganz anders ausrointe als seine Affenbrüder.

Beim Herumscherbeln im Wald knispelte Tarzan irgendwann auch die Kabache, in der er eine Weile mit seinen Eltern gehaust hatte. Dort fand er einige Fleppen, mit denen er sich nach und nach das Lesen beibrachte. Und dort dibberte er auch eine Plotte, mit der er sich gleich ein bisschen machullte. Dadurch muckerte er, wozu man sie gebrauchen kann. Später nutzte er die Plotte, um sich im Affenalltag zu behaupten. Schließlich wurde er sogar Obermacker der Affenmischpoke.

Lange war Tarzan blanko durch den Urwald gescherbelt, bekleidet nur mit einem Gürtel, an dem seine Plotte hing. Zwischendurch versuchte er, sich aus dem Fell einer machullten Löwin eine Kowe zu nähen, weil er wie ein Mensch ausroinen wollte – aber das ging in die Plinte. Später konnte er im Kampf mit einem eingeborenen Seeger einen Lendenschurz erbeuten – also so'n Vorläufer vonne Bräsepline. Und fortan päste er damit durch den Dschungel.

Und das war auch tofte so. Denn bald darauf dibberte Tarzan im Urwald das Schuckerste, das ihm dort je unter die Döppen gekommen war: Jane, eine kurante blonde Kaline, die Tochter eines Zerchen-Seegers, der dort auf Maloche war. Vermutlich hat er ihr geschmust: „Ich Tarzan, du Jane." Und später haben sie wohl auch anderes geschmust. Denn als Jane nach England zurück schemmte, verließ auch Tarzan den Dschungel – und die beiden gasselten.

„Tarzan" *ist eine Romanfigur, die Edgar Rice Burroughs erfunden hat. Sie erschien erstmals im Jahre 1912 in einem Magazin, die erste Buchausgabe folgte 1914. Es gab viele Fortsetzungen – und zahlreiche Verfilmungen.*

Mispel mit Malessen

Frank Thiel, der als Kommissar bei der Mispel malocht, und Prof. Karl-Friedrich Boerne, der seine Balachesen als Schmarrer im Machullenpoofbeis bewircht, sind die beiden Haupt-Figinenköster beim Münster-Tatort im Allgemeinen Rakawelen-Depot (ARD). Und nun haben beide gleichzeitig Malessen – der eine anne Plautze, der andere am Schero.

Ömmes: Thiel, der gerne übers Flemmen und den FC St. Pauli labert, ist ein bisschen schumm und will deshalb inne Fitness-Kabache mal was für seinen Balg tun. Doch als er gerade die Sport-Klamotten inne Chatte gepackt hat, rumort der Laberknochen. Und seine Kollegin schmust ihm, dass es neue Maloche gibt. Doch damit nicht genug: Dann steht auch noch ein junges Anim mit blauen Haaren vor der Tür und will ihm verknickern, dass sie vermutlich sein Koten sei. Und tatsächlich hatte Thiel vor mehr als 20 Jennikes mal ein kleines Techtelmechtel mit Biggi, der Mutter des Anims …

Boerne, der hamel kochum ist, aber manchmal auch als Kochumschonter auftritt, muss sich von seiner kotenen Kollegin Alberich rakawelen lassen, dass er aufm Schero ne kahle Stelle hat – kreisrunder Haarausfall, wie sich das schmust. Das macht den Zerchen-Seeger hamel brastig, denn er legt viel Wert darauf, dass er immer jovel ausroint. Deshalb wird er gleich mucker, als sein Kapper ihm von einem geheimen Spezial-Pani schmust, das den Haarwuchs auf Trab bringen soll. Boerne setzt alles daran, das Pani inne Feme bzw. aufn Schero zu bekommen. Nebenher büffelt er für den Jagdschein, denn er will demnächst mit dem Püster durchs Münsterland teilachen. Dafür muss er u.a. wissen, was ein „Fangschuss" ist. Und dann muckert er, dass Dr. Freya Freytag, die Kaline, bei der er die Jagdprüfung macht, zugleich die Schickse ist, die das Schero-Pani ausbaldowert hat …

Unterdessen treffen sich Thiel und Boerne am Tatort, wo ein Seeger namens Sandberg vom Balkon gestürzt ist oder wurde. Später gibt es noch einen zweiten Seeger, der machulle ist – ein Journalist namens Offergeld, dem jemand mit dem Püster in den Schero geballert hat. Die beiden, die jetzt mulo sind, waren gemeinsam einem Futtermittelskandal auf der Spur.

Und dann kommt Leila ins Spiel. Das ist das Anim mit den blauen Haaren, das Thiels Koten sein könnte und sich mittlerweile bei ihm inne Kabache einquartiert hat. Das Anim war nämlich gerade bei Offergeld im Beis, als dessen Mörder auftauchte. Sie böschte daraufhin mit Offergelds Wuddi plete. Am Wuddi-Schlüssel hing ein Stick – das ist so'n kotenes Ding, auf dem man Infos bunkern kann. Und auf diesem Stick sind Infos, die die Firma von Dr. Freya Freytag schwer belasten.

Deshalb lässt Freya Freytag Leila entführen und will sie bei einer nächtlichen Jagd mulo ballern. Sie war es auch, die die beiden anderen Seegers durch einen schoflen Macker hat machullen lassen. Doch Thiel kommt rechtzeitig, um Leila – die doch nicht sein Koten ist, wie mittlerweile ausbaldowert wurde – zu retten. So ist er halt, der Thiel: Manchmal roint er etwas nerbelo ausse Kowe, aber wenn's drauf ankommt, ist er hamel mucker.

***„Tatort: Fangschuss"**: Der Münster-Tatort ist mit durchweg mehr als zehn Millionen Zuschauern der quotenstärkste der Tatort-Serie in der ARD. Der Film mit dem Titel „Fangschuss", dessen Erstausstrahlung am 2. April 2017 stattfand, war mit 14,56 Millionen Zuschauern der meistgesehene Tatort seit fast 25 Jahren (Stand: Ende 2017).*

Die schuckere Rakawelerin

Als der Obermacker irgendeiner Insel im großen Pani zwischen Indien und China muckerte, dass seine Schickse ihn betrogen hatte, war er so kolone, dass er sie mulo makeimen ließ. Und nicht nur das. Er verknickerte seinem Wesir – das war so'n Seeger, der für ihn die Maloche machte –, er solle dafür sorgen, dass er jede Nacht ne neue Kaline bewirche, mit der er in die Poofe schemmen könne. Und am anderen Morgen mussten die Kalinen peigeln, damit sie den Obermacker nicht mehr linken konnten.

Doch dann lag eines Abends Scheherazade bei dem Obermacker inne Firche. Das schuckere Anim, ein Koten des Wesirs, wollte das Morden beenden. Und sie hatte dafür was ganz Besonderes ausbaldowert: Sie schmuste ihm hamel jovle Geschichten. Als die Nacht zu Ende ging und die Kaline aufhörte zu rakawelen, war sie gerade an einer so spannenden Stelle, dass der Seeger unbedingt wissen wollte, wie es weitergeht. Also ließ er die Sache mit der Mulo-Makeimerei verschieben. Und so hielt die Kaline es auch in den folgenden Nächten – sie unterbrach die Rakawele immer an der spannendsten Stelle. Nach tausendundeiner Nacht hatte sie den Seeger soweit, dass er selbst muckerte, dass er schofel gehandelt hatte. Und manche schmusen, zu diesem Zeitpunkt hätten die beiden auch schon drei Koten gehabt.

Was Scheherazade dem Seeger in der Firche alles geschmust hat?

Beispielsweise die Geschichte von Ali Baba, der mit Hilfe eines muckeren Anims eine Bande mit 40 Boofken besiegen und ihren Schatz bewirchen konnte.

Oder die Geschichte von Aladin, der für einen Figinenköster eine Ölfunzel ausbaldowert hatte. Als er muckerte, dass der Figinenköster ihn linken wollte, behielt er die Funzel selbst – und muckerte dann, dass es sich um eine Wunderfunzel handelte.

Oder die Geschichte von Sindbad, der mit seiner Pünte übers Pani päste und einmal zu einer Insel kam – und dann muckern musste, dass die Insel, auf die er gerade seine Mauken gesetzt hatte, ein schummer Fisch war, der plötzlich davonschwamm …

Oder die Geschichte von Turandot, einer orientalischen Oberkaline, die den Seegern, die sie freien wollten, Rätsel stellte. Und wer die nicht lösen konnte, dem wurde der Schero abgeburkt. Bis Kalaf kam und die Lösung ausklamüserte …

„Tausendundeine Nacht“ *ist eine Sammlung orientalischer Erzählungen bzw. Märchen, deren Ursprünge vermutlich aus Indien und Persien stammen und bis ins dritte Jahrhundert zurückreichen.*

Die schofle Ziege und der Goldesel

Ein Kowen-Malocher hatte drei Koten, aber nur eine Ziege. Damit die genügend Milch für alle hatte, musste sie täglich zum Frengeln auf die Weide geführt werden. Als der älteste Koten einmal mit ihr zur Weide geschemmt war und sie abends fragte, ob sie genug gefrengelt habe, da rakawelte sie: „Ich bin hamel satt, ich achil kein Blatt – mäh, mäh."

Doch als der Vater die Ziege später noch mal fragte, ob sie genug achilt habe, da rakawelte sie: „Ich bin nur rumgepäst, hab nix geäst. Wovon soll ich denn satt sein – mäh, mäh." Da hegte der Seeger hamel Rochus. Es schmuste seinem Koten, er habe ihn schofel gelinkt – und jagte ihn mit Dellen aus dem Beis.

Genauso erging es den beiden anderen Koten. Als der Seeger alle drei Koten verjagt hatte, schemmte er selbst mit der Ziege los. Und dann musste er muckern, dass es die Ziege war, die ihn gelinkt hatte. Denn auch ihm schmuste sie erst, sie habe genug gefrengelt, und meckerte später im Beis: „Ich bin nur rumgepäst, hab nix geäst. Wovon soll ich denn satt sein – mäh, mäh." Da war der Seeger erst recht hamel brastig – und jagte auch die Ziege davon.

Der älteste Koten ging bei einem Holz-Makeimer in die Lehre. Als die Lehrzeit um war, schenkte ihm der Meister ein kotenes Tischchen, das nicht besonders ausrointe, aber ganz besonders war: Wenn man zu dem Tischchen rakawelte „Tischlein, deck dich", war es im Femeumdrehn mit Bose und Bezinnum, Knirften und Karos, Lowinen und Leckereien gefüllt.

Der Koten nahm das Tischchen und machte sich auf den Weg nach Beis, weil er doch seinen Vater wiederdibbern wollte. Unterwegs kam er in eine Kaschemme, wo er nachts poofen wollte. Da waren einige Seegers und Kalinen, die ihn zum Achilen und Picheln einladen wollten, aber er schmuste, er wolle für alle sorgen. Also holte er sein Tischchen und schmonselte „Tischlein, deck dich!" Als der Kower dibberte, was dann geschah, bewirchte er ganz große Döppen und schmuste bei sich: Das wäre was Toftes für die Kaschemme. Und als alle am Poofen waren, tauschte er das jovle Tischchen gegen ein anderes aus, das genauso ausrointe.

Als der Koten wenig später bei Beis angekommen war und seinem Vater und der Mischpoke zeigen wollte, was er Toftes mitgebracht hatte, ging das voll in die Plinte. Die Mischpoke schmergelte sich einen und dachte, der Koten sei wohl ein bisschen meschugge.

Der zweite Koten ging bei einem Müller in die Lehre. Als er sich verabschiedete, um nach Beis zu schemmen, schuckte ihm der Obermacker einen Esel. Wenn man dem schmuste „Bricklebrit", dann kamen vorne und hinten Goldstücke raus. Auch dieser Koten kam auf dem Weg nach Beis in die Kaschemme, in der man seinem Bruder das Tischchen geschort hatte. Als er abends seine Zeche beschollen musste, ließ er den Esel Schotter schonten. Als der Kower das kneisterte, dachte er, so was könnte er gut gebrauchen – und tauschte nachts den Penunzen-Esel gegen einen ganz normalen aus. Und auch dieser Koten blamierte sich bei seinem Vater und der Mischpoke, als er den Goldesel vorführen wollte.

Der dritte Koten war bei einem Drechsler, der ihm zum Abschied einen Sack mit einem Knüppel schenkte. „Wenn jemand schofel zu dir ist", schmonselte er, „dann brauchst du nur ‚Knüppel aus dem Sack' zu rakawelen – und dann vermackelt er die Bunken, bis du schmonselst: ‚Knüppel in den Sack'."

Nun hatte der dritte Koten schon von seinen Brüdern gehört, was in der Kaschemme ambach war. Aber er schemmte trotzdem hin. Und beim Schickern rakawelte er laut, er habe schon von toften Dingen wie Tischlein-deck-dich und Goldesel gehört, aber in seinem Sack stecke noch viel was Tofteres. Das ließ dem Kower keine Ruhe und nachts fingerte er mit seine Feme in dem Sack herum. Da rief der Koten „Knüppel aus dem Sack", und der Knüppel vermackelte den Kower so lange, bis er herausgab, was er den Brüdern geschort hatte.

So kam der dritte Koten schließlich mit dem Sack, dem Esel und dem Tisch bei Beis an. Dort ließen sie erst den Esel Schotter schonten, dann bölkten sie „Tischlein, deck dich" und es gab eine große Fete für die ganze Mischpoke. Und Vater konnte endlich die Maloche an den Nagel hängen.

„Tischlein deck dich" *gehört zu den Märchen, die die Brüder Jacob und Wilhelm Grimm Anfang des 19. Jahrhunderts in ihrer berühmten Sammlung „Kinder- und Hausmärchen" veröffentlichten.*

Bambonum auf den Strehlen

Bambonum auf den Strehlen der New Yorker West Side: Es gibt immer wieder Stoof zwischen zwei Jugendbanden – zwischen amerikanischen Strigos, die sich Jets schmusen, und Seegerlingen aus Puerto Rico, die sich Sharks schmusen.

Riff, der Obermacker der Jets, will nun ein für alle Mal klären, wer in der Bendine das Rakawelen hat. Für diesen Kampf möchte er auch seinen alten Kumpel Tony gewinnen, der früher mal Obermacker der Jets war. Und der schmust tatsächlich ömmes. Abends in der Schwofkabache, so hat Riff ausklamüsert, will man Bernardo, dem Obermacker der Sharks, die Sache mit dem Kampf verkasematuckeln.

Doch dann passiert etwas Unerwartetes: In der Schwofkabache dibbert Tony ein schuckeres Anim, in das er sich auf der Stelle verknallt – Bernardos Schwester Maria, die gerade erst aus Puerto Rico gekommen ist. Und auch Maria findet den Seeger hamel jovel. Bernardo allerdings ist mehr als brastig, als er das muckert. Er hat nämlich ausklamüsert, dass seine Schwester Maria seinen Kumpel Chino gasseln soll, der auch zu den Sharks gehört. Deshalb schickt er Maria nach Beis. Doch Tony schemmt stikum hinterher. Und die beiden schmusen sich gegenseitig, dass sie sich lieben.

Unterdessen haben sich die Jets und die Sharks getroffen, um den Kampf zu belabern. Sie beschließen, dass er am anderen Abend unter einer Tackostrehlen-Brücke stattfinden soll – und zwar als Zweikampf, also Seeger gegen Seeger. Doch als es soweit ist, macht Tony – weil Maria ihm das geschmust hat – den Versuch, die Dellerei zu verhindern. Deswegen gibt's erst Brassel, dann Randale. Bernardo fordert Tony heraus, daraufhin dellt Riff Bernardo nieder, Bernardo zückt seine Plotte und ersticht Riff – und dann hat Tony plötzlich die Plotte inne Feme und ersticht Bernardo. Der Kampf der beiden Banden endet erst, als die Mispel angepäst kommt.

Als Tony bei Maria auftaucht, dellt sie verzweifelt auf ihn ein. Aber Tony kann ihr verkasematuckeln, dass er ihren Bruder nicht mulo makeimen wollte. Und beide labern wieder von einer toften Zukunft.

Als Bernardos Kaline Anita auftaucht, böscht Tony plete. Doch er vergisst seine Jacke. Anita muckert das gleich und schmonselt Maria, sie dürfe Tony nicht mehr dibbern. Aber Maria verknickert Anita, dass sie den Seeger hamel heftig liebt. Anita kann das schließlich verstehen und lässt sich sogar belabern, Tony eine Nachricht von Maria zu überbringen.

Doch als Anita bei den Jets auftaucht, trauen sie ihr nicht – und gehen ihr sogar anne Kowe. Daraufhin rakawelt Anita, dass Chino Maria aus Eifersucht erschossen habe. Als Tony das hört, scherbelt er verzweifelt durch die Strehlen, um Chino zu finden – weil er auch peigeln will.

Doch dann dibbert er Maria und teilacht auf sie zu. Aber ist laulone mit Massel-End. Chino kommt, zückt den Püster und erschießt ihn. Tony peigelt in Marias Armen.

Am Ende tragen Seegers von beiden Banden Tony mulo davon. Roint aus, als hätten sie endlich gemuckert, dass es keinen Sinn macht, wegen ihres Stoofs andere Seegers mulo zu makeimen.

„West Side Story", *quasi eine moderne Version von Romeo und Julia, ist ein Musical mit der Musik von Leonard Bernstein. Es wurde 1957 in New York uraufgeführt. Der Film folgte im Jahre 1961.*

Schmalspur-Schmier

Georg Wilsberg hat nicht allzu viel Massel gehabt im Leben. Und so roint er auch aus. Einfache Kowe, zerknautschte Schmiege und immer ein bisschen mürrisch. Eigentlich war er Rechtsanwalt, also Paragrafen-Malocher, aber das ist irgendwie inne Plinte gegangen. Jetzt verscherbelt er alte Bücher. Und ist immer klamm mit Lowi. Deshalb malocht er nebenher als Privatdetektiv, also als Schmalspur-Schmier. Und löst schwierige Fälle in der Zweiten Dibber-Figine (ZDF).

Dabei hat er regelmäßig mit Anna Springer zu tun. Die ist Hauptkommissarin und malocht hauptamtlich bei der Mispel. Und sie ist immer mal wieder brastig auf Wilsberg, weil der, wie man so schön schmust, „unkonventionelle" Maloche-Methoden hat. Aber sie findet den Seeger trotzdem ganz tofte.

Nun hat sie ihn zu einem gemeinsamen Urlaub auf Norderney belabert. Beide wollen sich mal hamel erholen von dem ganzen Krimi-Brassel. Aber ist laulone mit Ruhe. Es beginnt schon damit, dass Springers Nichte Merle mit im Wuddi hockt – ein muckeres Anim mit großer Gosche. Doch das Beis auf Norderney gehört nun mal ihrem Vater …

Und es geht weiter, als sie am Beis in Norderney ankommen. Die Tür steht offen und ist kapores. Und im Bad finden sie einen Seeger, der bewusstlos mit dem Schero in der Schontschlüssel hängt – ein Kower der Insel-Kaschemme, wie sich am Abend herausstellt, als die drei dort achilen wollen. Und spätestens, als dieser Kower am Tag darauf mulo am Strand liegt, ist klar, dass da eine Menge Maloche auf Wilsberg und

Springer wartet. Später gibt es noch eine Leiche am Strand, aber die muss erst mit der Lapane ausgebuddelt werden.

So ergibt sich auf Norderney ein großes Treffen von Seegers und Kalinen, die bei der Schmier sind oder sein möchten – und die alle hamel am Ausbaldowern sind. Neben Georg Wilsberg und Anna Springer ist das auch Nichte Merle, die ohnehin später zur Mispel will. Merle hat zudem Springers Assistenten Overbeck alarmiert, der nur zu gerne auf die Insel gepäst ist, um denen mal zu verknickern, wie man bei der Großstadt-Schmier so malocht. Dann ist da noch die Kaline von der Inselmispel – die zudem noch eine befreundete Pillen-Makeimerin eingeschaltet hat, die auch gerne Mispel spielt. Und da ist schließlich Kommissar Brockhorst aus Leer, der in diesem Fall einfach zuständig ist. Und das ist tofte so. Denn dass die Mispel-Kaline von der Insel keine Zerche hegt, muckern alle Münsteraner tacko, als sie Wilsberg fragt, woher er denn komme. Der rakawelt: „Aus der schönsten Stadt Westfalens." Und dann schmonselt die Schickse: „Bielefeld?"

Und das Kriminelle am Krimi? Das besorgt ein Dickbalg, der das Naturschutzgebiet verkleinern möchte, um dort groß zu bauen und Reibach zu machen. Er packt schon mal inne Chatte, um einen Politiker im Inselrat für seine Stimme zu beschollen. Und er schreckt auch nicht davor zurück, einen Seeger, der ihm die Masematten vermasseln will, mulo zu makeimen. Das alles gesteht seine Kaline mit den großen Döppen, die mal Miss Norderney war. Sie hatte den Dickbalg nur wegen der Penunzen gegasselt – und sie hatte ein Techtelmechtel mit dem Kower, der nun mulo ist.

Trotz des großen Mispel-Auflaufs bleibt ein Fall am Ende ungeklärt: Was ist mit Georg Wilsberg und Anna Springer und ihrem Techtelmechtel? Immerhin bleiben die beiden am Ende noch eine Woche allein auf der Insel. Arm in Arm teilachen sie am Pani davon, und Georg Wilsberg schmust, nun könne man ja all das belabern, über das man schon immer labern wollte …

*„**Morderney**“ ist die 58. Folge der ZDF-Krimiserie um den Privatdetektiv „Wilsberg“, der von dem münsterischen Autoren Jürgen Kehrer erfunden wurde. Der Krimi, der am 6. Januar 2018 erstmals gesendet wurde und der auf der Nordseeinsel Norderney spielt (Drehbuch: Stefan Rogall), war mit 8,31 Millionen Zuschauern die bislang meistgesehene Wilsberg-Folge (Stand: Januar 2018).*

Schmackes inne Feme

Sie nannten ihn Old Shatterhand, also Tofel Dellerfeme, weil er so viel Schmackes inne Feme hatte, dass er einen schummen Seeger mit einem Schlag ausse Masminen dellen konnte. Das war hamel tofte im Wilden Westen, wo Tofel Dellerfeme eine schwere Maloche hatte. Zusammen mit anderen Hegels schanägelte er dort als Bendinenvermesser für eine amerikanische Mischpoke, die eine Tralli-Linie makeimen wollte.

Leider führte die Tralli-Linie mitten durch die Bendine der Indianer, die sich Apachen schmusten. Die waren natürlich brastig. Der Obermacker der Apachen, Häuptling Intschu tschuna („Tofter Lorenz“), und sein Sohn Winnetou („Brennendes Pani“) pästen also zu den Tralli-Hegels, um ihnen friedlich zu verknickern, dass das ihre Bendine sei und sie nicht wollten, dass hier eine „Strehle für den Jack-Zossen“ makeimt wird.

Doch dann gab es plötzlich Zoff, ein Seeger von der Indianer-Mischpoke wurde erschossen. Winnetou und Intschu tschuna böschten auf ihren Zossen davon. Sie wollten Krieger holen und die Bleichlobben auslöschen. Die Tralli-Hegels verbündeten sich deshalb mit einer anderen Indianer-Mischpoke, die sich Kiowa schmuste.

Und dann kamen die Apachen auch schon angepäst. Doch durch eine Figine wurden alle gechappt und dann ins Lager der Kiowa gebracht. Aber Tofel Dellerfeme, der die Apachen jovel fand, befreite stikum Winnetou und Intschu tschuna.

Der Obermacker der Kiowas wollte daraufhin die anderen gechappten Apachen mulo makeimen, aber Tofel Dellerfeme und seine Kumpels waren dagegen und nahmen ihn als Geisel. Der Kiowa-Obermacker schlug schließlich vor, dass Tofel Dellerfeme mit einem starken Kiowa-Seeger, der sich Metanakva („Blitzplotte“) schmuste, um das Leben der gechappten Apachen kämpfen sollte. Dellerfeme gewann, Blitzplotte verkimmelte.

Winnetou und Intschu tschuna hatten inzwischen Hilfe geholt und pästen nun mit einer großen Macker-Meute heran. Es kam zum Kampf. Im Getümmel burkte Tofel Dellerfeme zunächst Intschu tschuna nieder, wurde dann aber von Winnetou angegriffen und schwer machullt. Alle, die nicht mulo waren, wurden in das Lager der Apachen gebracht. Dort sollten sie gesund gepflegt werden, damit sie später am Marterpfahl peigeln könnten. Die Pflege von Tofel Dellerfeme übernahm das Anim Nscho-tschi („Tofter Tag“), die schuckere Schwester von Winnetou.

Am Tag, als sie eigentlich am Marterpfahl peigeln sollten, verknickerten die Apachen den Bleichlobben, dass Tofel Dellerfeme mit Intschu tschuna um ihrer aller Leben kämpfen sollte – und zwar im Pani. Intschu tschuna verkimmelte und die Weißen waren frei. Nun schmuste Dellerfeme Winnetou, dass er es war, der ihn seinerzeit im Lager der Kiowa befreit hatte, und zeigte ihm die Haarsträhne, die er ihm dabei abgeburkt hatte.

So wurden Tofel Dellerfeme und Winnetou Freunde und schlossen sogar Mailachbruderschaft. Und nicht nur das: Es stellte sich heraus, dass Tofter Tag sich in Tofel Dellerfeme verknallt hatte.

Aber ist laulone mit Massel-End. Als die Apachen Goldstaub besorgen wollten, um eine Ausbildung für Tofter Tag zu beschollen, wurden sie von schoflen Boofken überfallen. Dabei peigelten Nscho-tschi und Intschu tschuna.

„Winnetou“ *ist der Titelheld von insgesamt vier Abenteuerromanen des Schriftstellers Karl May, die 1893 (Winnetou I–III) und 1910 (Winnetou IV) veröffentlicht wurden. Der Masematte-Text beschäftigt sich ausschließlich mit dem Band Winnetou I.*

Es wird schofel enden

Martin lebt in Schwabing, also in der Schickeria-Bendine von München. Und er lebt so vor sich hin. Mit Maloche hat er nicht viel am Obermann, am liebsten liegt er in der Poofe. Was ihn ganz kolone macht, ist, wenn sich die Dinge schon morgens „dynamisch entwickeln“, also wenn der Tag gleich lospäst.

Eines Nachts dibbert er zufällig, wie Gannefs in einen Laden einsteigen. Aber er dibbert nur, macht nix und geht firchen. Erst als ihm sein Kumpel Henry anderntags verknickert, er müsse das der Schmier schmusen, schemmt er widerwillig zum Mispel-Beis. Dort labert er aber solchen Tinnef, dass er Brassel mit den Mispel-Mackern bewircht.

Später scherbelt er mit seinem Kumpel in eine Plümpse, wo sie vergeblich versuchen, einen Schallertext auszuklamüsern und sich stattdessen lieber die Kalinen mit Bade-Kowe bekneistern. Und wo Martin schließlich auch Barbara roint – ein ebenso muckeres wie kurantes Anim, mit dem er gleich am Techtelmechteln anfängt. Der gefällt die lockere Laberei von Martin offenbar. Sie lässt sich von ihm in der Straßenbahn gerne verkasematuckeln, was eigentlich „fummeln“ bedeutet. Und im Zoo geht's dann schon wieder zur Sache: Sie schoren gemeinsam eine Ziege, mit der sie im Kotenwuddi durch die Bendine päsen.

Dann wird Martin von der Mispel gechappt, weil die mittlerweile meint, dass er selbst was mit den nächtlichen Gannefs zu tun haben könnte. Und er wäre womöglich im Stillepenn gelandet, wenn das Anim ihn nicht mit toftem Balgeinsatz gerettet hätte. Barbara lässt im Mispel-Beis gekonnt die Staude fallen und zeigt, was es unter der Kowe so zu dibbern gibt. Die Mispel-Macker sind abgelenkt – und Martin kann plete böschen.

Abends wird Martin eigentlich auf einer Party beim Musik-Mänglowierer Block erwartet, für den er ab und zu Schallertexte ausklamüsert. Dort schwofen auch sein Kumpel Henry und seine Kaline Anita – die sich mit ihm unbedingt verloben möchte. Aber Martin verbringt Abend und Nacht lieber mit Barbara, vermutlich um ihr noch einiges in Sachen „Fummeln“ zu verknickern.

Als Barbara wieder nach Beis zurückgeschemmt ist und Anita hamel brastig mit ihm zofft, rückt ihm die Mispel schon wieder auf die Kabache. Weil Martin dabei ein bisschen viel mit seinem ungeladenen Püster rummacht, sieht der eine Mispel-Macker sich genötigt, auf Martin zu ballern. Es wird nur ein Streifschuss, und Martin rakawelt: „Da haben Sie aber Massel gehabt.“ Und überhaupt, so schmust er weiter, wolle er doch noch nicht so schnell peigeln, er müsse erst noch ein bisschen rumfummeln …

Am Ende kann man sich als Kneisterer noch jovel zoffen, ob Martin Recht behalten hat oder nicht – denn der Seeger hat immer wieder gelabert: „Es wird schofel enden.“

„Zur Sache, Schätzchen“ *ist eine deutsche Filmkomödie von May Spils aus dem Jahre 1968, die als eine der erfolgreichsten Produktionen des Jungen Deutschen Films gilt. Die Hauptrollen spielten Uschi Glas und Werner Enke.*

Von abmeiern bis Zossen

Die Masematte hat nur einen überschaubaren Wortschatz. Wer Geschichten erzählen will, gerät da schnell an seine Grenzen. Deshalb enthält dieses Glossar auch zahlreiche (meist zusammengesetzte) Wörter, die in den letzten Jahrzehnten neu „erfunden" wurden. Darunter auch einige, die in diesem Buch vermutlich erstmals verwendet werden – wie zum Beispiel Mochumschonter (Klugscheißer).

abmeiern: abstürzen, sterben
abnabbeln: betrügen, ausnehmen, koitieren
Achile: Essen
achilen: essen
Alsche: Frau
ambach: los, hier, da, dabei
Anim: Frau, Mädchen
Asse: Ball, Kugel
ausbaldowern: erkunden, ausdenken, erfinden, herausfinden
ausklamüsern: ausdenken, herausfinden
ausroinen: aussehen

Backmann: Stein, Backstein
Backs: Haus, Gebäude
baff: erstaunt, überrascht
Balachesen: Geld
Balachesen-Beis: Geldhaus, Bank
Balg: Leib, Körper

Bambonum: Ärger, Streit
Baschlo: Hahn
Bassel: Ring
bedibbern: betrachten
Beheime: Vieh
Beis: Haus
Beisanim: Hausmädchen
belgen: schnorren
Bendine: Gegend
beömmeln: amüsieren
beribbeln: bezahlen
bes: zwei
beschen: gehen, laufen, fahren
beschollen: bezahlen
beseibeln: beschmutzen, beschmieren, betrügen
bewirchen: bekommen, erhalten
Bezinnum: Wurst
bicken: kaufen, einkaufen
blanko: nackt
blechen: bezahlen
Bleichlobbe: Bleichgesicht
bölken: schreien, rufen
Boofke: Gauner, Ganove
böschen: gehen, laufen, fahren
Bose: Fleisch
Bosse: Hose
Brand: Durst
Bräse: Toilette, Klo
Bräseplinte: Unterhose
Brassel: Ärger
Brast: Ärger
brastig: sauer, wütend, ärgerlich
Bunke: Ganove
burken: schlagen, schneiden, stempeln

Chamine: Wärme, Hitze
chamm: warm, heiß
chappen: schnappen, fangen, festnehmen
Chatte: Tasche
Chaumelbeis: Bordell, Puff

dellen: schlagen, prügeln
Dellerei: Schlägerei
dibbern: sehen, gucken
Dickbalg: Reicher
Dohling: Hut
dollar: vier
Döppen: Augen

fechten: betteln
Feme: Hand
Fememakeimer: Handwerker
Fememalocher: Handwerker
Figine: Angeberei, Täuschung, Schau, Theater
Figinenbeis: Theater
Figinenkaline: Schauspielerin, Angeberin
Figinenköster: Betrüger, Angeber, Schauspieler, Künstler
Figinenschieber: Angeber, Aufschneider, Künstler, Zauberer
Finete: Fenster
Finne: Flasche
Firche: Bett
firchen: schlafen
flemmen: Fußball spielen
flennen: weinen
Fleppe: Papier, Führerschein, Zeitung, Buch
Flunken: Bein
Freier: Mann, Kerl
frengeln: essen
Funzel: Licht, Lampe, Laterne

Gallach: Priester, Geistlicher
Gannef: Dieb
Ganti: Gans
Gasselei: Heirat, Hochzeit
gasseln: heiraten
Gnego: Geizhals
göbeln: erbrechen, kotzen
Gosche: Mund, Maul
Goschenschmarrer: Zahnarzt

Hacho: Bauer
Hallas: Krach, Ärger, Unruhe
Halbkarötter: Aufschneider, Bankrotteur
hamel: viel, sehr, groß
Hegel: Mann
hegen: haben, besitzen
hei: fünf
Heiermann: Fünfmarkstück
hügen: schnorren

Ische: Mädchen, Frau

Jack: Feuer, Brand
jackes: teuer, wertvoll
Jennikes: Jahre
Jölbst: Mann, Kerl
Jontef: Spaß, Freude, Scherz
Jontef-Makeimer: Spaßmacher
jovel: gut, schön
Juchelo: Hund
juckeln: fahren

Kabache: Hütte, altes Haus, Raum
Kabuff: Raum, Zimmer, Stall

Kaff: Dorf, Ort, Siedlung
Kaftan: Anzug, Mantel, Bekleidung
Kaline: Frau
kapores: kaputt, tot
Kapper: Friseur
Karo: Brot, Butterbrot
Kaschemme: Kneipe, Gaststätte, Wirtschaft
Katzow: Metzger
Kaventsmann: Riese, Brocken
Keilof: Hund
Ker: Haus, Gegend, Stadtviertel
Kies: Geld
kimmel: drei
kindigen: kaufen
klemmen: klauen, stehlen
Klüsen: Augen
Knäbbel: Bauer, Landwirt
Knäbbelanim: Bäuerin, Bauersfrau
Knäbbelbeis: Bauernhaus
Knäbbeltrine: Bauersfrau, Magd
Kneis: Bauer, Landwirt
Kneisterer: Zuschauer
Kneisterkasten: Fernsehen.
kneistern: sehen, gucken, betrachten
Knete: Geld
Kniest: Ärger, Streit, Dreck, Schmutz
Knifte: Brot, Butterbrot
knispeln: sehen, gucken
kochum: schlau, klug
Kochumschonter: Klugscheißer
kolone: verrückt, durcheinander
Körning: Brust, Busen
Koten: Kind, Kleiner
koten: klein

Kotenwuddi: Kinderwagen
Kowe: Kleidung
Kowen-Malocher: Schneider
Kower: Kellner, Wirt
Kribbelpani: Sprudel, Sekt
kurant: hübsch, gut aussehend

Laberknochen: Telefon, Handy
labern: reden, erzählen
Lapane: Schüppe
Lapanenmalocher: Bauarbeiter
lau oser: nichts, nichts mehr
lau: nichts, nein, kein
laulone: nicht, nichts, nein
Lauschepper: Schnorrer
Lauscher: Ohr
Leeze: Fahrrad
lellen: stehlen, klauen
linken: täuschen, betrügen
Lobbe: Gesicht
Lorenz: Sonne
Löti: Klempner
Lowi: Geld
Lowine: Bier
Lude: Zuhälter
Luftwuddi: Flugzeug

machulle: tot, kaputt
machullen: verletzen, töten, zerstören
Machullenpoofbeis: Leichenschauhaus
Macke: Stück, Teil
Mackel-Macker: Schläger, Leibwächter
Mackeln: schlagen, verhauen
Macker: Mann, Kerl

Mailach: Blut
Maimel: Regen
maimeln: regnen, pinkeln
Makeime: Arbeit, Schläge
makeimen: machen, arbeiten, schlagen
Malessen: Probleme, Beschwerden
Malme: Schulden
Maloche: Arbeit
malochen: arbeiten
mangeweelen: betteln
Mangeweeler: Bettler
Mänglowation: Verwaltung
mänglowieren: machen, einfädeln, herstellen, organisieren
Mänglowierer: Macher, Organisator
Mänglowiererei: Werk, Machwerk, Behandlung
maschemau: Ausruf des Erstaunens
Masematte: Handel, Geschäft
Masemattenfreier: Händler, Gewerbetreibender
Masemattenfreier: Masematte-Sprecher
Masmeier: Schuh
Masmimen: Schuhe
Masminen-Makeimer: Schuhmacher, Schuster
Masminenpünte: Café Schucan (wörtlich: Schuh-Kahn)
Massel: Glück
Massel-End: glückliches Ende, Happy End
Masselfreier: Glückspilz
Matrele: Kartoffel
Matschka: Katze
Mauken: Füße
meschugge: verrückt
miegen: pinkeln, regnen
Mischpoke: Familie, Verwandtschaft, Sippe, Gesellschaft
Mispel: Polizei
Moneten: Geld

Moos: Geld
More: Angst, Sorge
Mottek: Hammer
mucker: klug, schlau, aufmerksam
muckern: merken, bemerken, verstehen
Muffe: Angst, Sorge
Muffen: Holländer
Muffensausen: Angst, Sorge
Mui: Mund, Gesicht
Mulo: Tod
mulo: tot, kaputt

nabbeln: küssen, koitieren
Nabbelschore: Prostituierte
nerbelo: verrückt
Nerbelofreier: Spinner, Verrückter
Nerbeloköster: Spinner, Verrückter
Nobelpani: Sekt

Obermacker: Leiter, Chef
Obermann: Hut
olf: eins
ömmes: jawoll, klar, fürwahr, tatsächlich
Osnik: Uhr

Pani: Wasser, Tränen
päsen: laufen, rennen, fahren
Patte: Tasche, Portemonnaie
pegelschicker: volltrunken
peigeln: sterben
peilen: sehen, erblicken
Penunzen: Geld
peseln: laufen, fahren
picheln: trinken

Piene: Schmerz
pieren: trinken
Pillen-Makeimer: Apotheker
plannigen: weinen
Plautze: Bauch, Wampe
Plempe: Degen, Säbel
plete böschen: abhauen, verschwinden
plete: weg, fort, verschwunden
Plinte: Hose
Plotte: Messer
Plümpse: Bad, Badeanstalt
Ponum: Gesicht
Poofbeis: Hotel
Poofe: Bett
poofen: schlafen
Pore: Kuh
Pünte: Boot, Schiff
Püster: Gewehr

quarzen: rauchen

Rakawele: Sprache
rakawelen: sprechen, reden, erzählen
Randale: Lärm, Ärger
Ratbeis: Rathaus
ratzen: schlafen
Reibach: Gewinn, Verdienst
Rochus: Zorn, Wut
Roineisen: Brille
roinen: sehen, gucken
Romdi: Frau, Mädchen
Roof: Hunger

Schabau: Schnaps

Schallerfigine: Musiktheater, Oper
Schallermann: Sänger
schallern: singen
schanägeln: arbeiten
Schapp: Schrank
Scharett: Bahnhof
scharwenzeln: herumgehen, schlendern
schasken: trinken
Schassor: Schwein
Schassörken: Schweinchen
Schauter: Mann, Kerl
schauwe: wertvoll
Schawele: Flasche
Schechtanim: Prostituierte
schemmen: gehen, laufen
scherbeln: gehen, laufen
Schero: Kopf
Scheropiene: Kopfschmerzen
Scherozaster: Kopfgeld
schicker: betrunken
schickern: trinken, saufen
Schickse: Frau
Schmackes: Kraft, Energie
Schmarrer: Arzt
schmergeln: lächeln, lachen
Schmiege: Gesicht
Schmier(e): Polizei
schmonseln: sagen, reden, erzählen
Schmuh: Betrug, Täuschung, Pfusch
Schmus: Unsinn, Unwahrheit
schmusen: nennen, reden, sprechen, zeigen
schnasseln: trinken
Schock: Jahrmarkt, Markt, Send
schofel: schlecht, übel, gemein

Schokelamai: Kaffee
Schont: Toilette
Schonte: Scheiße
Schontebeis: Scheißhaus, Toilette
schonten: scheißen
Schorbruder: Dieb
Schore: Beute, Diebesgut
schoren: klauen, stehlen, wegnehmen
Schotter: Geld
schucken: geben, bringen, zahlen, bezahlen
schucker: schön, schick
schumm: dick, groß, füllig
Schumm: Kuss
Schwof: Tanz
schwofen: tanzen
Seeger: Mann, Kerl
Seegerling: Mann, Junge
Seelenlöti: Seelenklempner, Psychiater
söjen: sieben
Sore: Ware
spachteln: essen
Speismakeimer: Bauarbeiter, Maurer
Staude: Hemd, Bluse
stikum: heimlich, still
Stillepenn: Gefängnis
Stoof: Ärger, Streit, Auseinandersetzung
Strehle: Straße
Strigo: Junge
strunzen: angeben, aufschneiden
Stuss: Quatsch, Unsinn
Stussmann: Spinner, Trottel, Narr

Tacken: Groschen, zehn Pfennig
tacko: schnell

Tackostrehle: Schnellstraße, Autobahn
Techtelmechtel: Flirt, Verhältnis
Teewinde: Krankenhaus
teilachen: gehen, laufen
Tiftel: Kirche
Tinnef: Quatsch, Blödsinn, wertloses Zeug
tofel: alt
tofte: gut, schön, prima
Tokus: Gesäß, Hintern
Töle: Frau
Töle: Hund
Tralli: Zug, Bahn

verkasematuckeln: erklären, erläutern, schlagen
verkimmeln: verlieren
verknickern: erzählen, erläutern, erklären
vermackeln: schlagen, verprügeln
vermasseln: verderben
verschachern: verkaufen
Verscherbeler: Verkäufer
verscherbeln: verkaufen

Wuddi: Wagen, Auto
wullacken: schwer arbeiten

Zaster: Geld
Zerche: Ahnung, Wissen
Zerchen-Seeger: Experte, Professor
Zinken: Nase
zirochen: riechen, stinken
Zoff: Streit, Ärger
zoffen: streiten, ärgern
Zomen: Beine
Zossen: Pferd